Sprachfuchs II.

Sprachbuch für Klasse 3

Hessen

von
Gisela Everling
Franz Gauggel
Heinz Kauffeldt
Klaus Lindner
Brigitte Sowodniok
Sabine Trautmann
Karl Wolfgang Walther

Grafische Gestaltung:
Helga Merkle

Ernst Klett Grundschulverlag
Leipzig Stuttgart Düsseldorf

Sprachfuchs II.
Sprachbuch für Klasse 3
mit Vereinfachter Ausgangsschrift

Hessen

von Gisela Everling, Franz Gauggel,
Heinz Kauffeldt, Klaus Lindner, Brigitte Sowodniok,
Sabine Trautmann, Karl Wolfgang Walther

unter Mitarbeit von: Margret Baasner,
Karl Ehrmann, Herbert Endler, Bernd Merkle,
Jutta Penka, Martina Schramm,
Christine Thirase-Nitzschke, Sylke-Maria Pohl,
Irmgard Wespel

Grafische Gestaltung: Helga Merkle

 Zusatzaufgabe

 Merksatz

Zum Unterrichtswerk „Sprachfuchs II.",
Hessen, gehören:

	Klett-Nr.
2. Schuljahr	
Sprachbuch LA	242222
Sprachbuch VA	242223
Rechtschreibfuchs LA	242224
Rechtschreibfuchs VA	242225
Übungen zur Sprachförderung LA	242226
Übungen zur Sprachförderung VA	242228
Lehrerband	211229
3. Schuljahr	
Sprachbuch LA	242322
Sprachbuch VA	242323
Rechtschreibfuchs LA	242324
Rechtschreibfuchs VA	242325
Übungen zur Sprachförderung LA	242326
Übungen zur Sprachförderung VA	242328
Lehrerband	211329
4. Schuljahr	
Sprachbuch (Druckschrift)	242421
Rechtschreibfuchs LA	242424
Rechtschreibfuchs VA	242425
Übungen zur Sprachförderung LA	242426
Übungen zur Sprachförderung VA	242428
Lehrerband	211429
Handpuppe Fuchs	211308

 Gedruckt auf Recyclingpapier, hergestellt aus 100 % Altpapier. Umschlag mit PP-Folie kaschiert, umweltverträglich und recycelbar.

Fotos: Christine Leininger 47, 53
Fuchsgrafiken: Rolf Bunse
Weitere grafische Elemente: Marietta Heymann

Quellenhinweise
S. 5 Josef Reding: Gemeinsam nachdenken. (Originaltitel: Friede). Aus: Josef Reding, GUTENTAGTEXTE. © by Georg Bitter Verlag, Recklinghausen 1988. **S. 26** Rezept aus Unsere neue Welt – Zur Sache 3. Klett, Stuttgart 1978. **S. 27** Foto: Heinz Heimerl. Aus: Der Sprachfuchs, Bayern 3. Schuljahr, Ernst Klett, Stuttgart 1991 **S. 28** Abbildungshinweis: Doris Cordes-Vollert. **S. 29** Foto: Zentralverband des Deutschen Bäckerhandwerks, Bad Honnef. **S. 32** Foto: Zentralverband des Deutschen Bäckerhandwerks, Bad Honnef. **S. 33** Wilhelm Busch: Max und Moritz beim Bäcker. Aus: Historisch-kritische Gesamtausgabe, hrsg. von F. Bohne, Band IV. Vollmer Verlag, Wiesbaden/Berlin o.J. **S. 34** E. O. Plauen: Der Luftpostbrief. Aus: E. O. Plauen, Vater und Sohn. © Südverlag GmbH, Konstanz 1949, 1951, 1952. Mit freundlicher Genehmigung der Gesellschaft für Verlagswerte GmbH, Kreuzlingen/Schweiz. **S. 35** Deutsche Bundespost, Schulberatungsdienst. Aus: Der neue Sprachfuchs, Übungsbuch für das 3. Schuljahr. Klett, Stuttgart 1990. **S. 42** Der Wind droht den Faulen (Bearbeitet). Aus: Hans Baumann, Ein Reigen um die Welt. Sigbert Mohn, Gütersloh 1965. **S. 47** Idee aus: Schweizer-Sachbuch drei. sabe AG, Verlagsinstitut für Lehrmittel, Zürich 1991. **S. 51** Abb.: Matthias Dehlinger. Aus: Der Sprachfuchs, Bayern 3. Schuljahr, Ernst Klett, Stuttgart 1991. **S. 52** Idee aus: Spaß am Umweltschutz. © Umweltbundesamt, 1988. **S. 54** Idee aus: Spaß am Umweltschutz. A.a.O. **S. 57** Hans Jürgen Press: Herr Jakob angelt (Originaltitel: Ein stilles Wasser). Aus: © Hans Jürgen Press, JAKOBS ABENTEUER – Comics vom kleinen Herrn Jakob. Ravensburger Buchverlag Otto Maier, Ravensburg 1992. **S. 68 oben** Angermeier, R. Aus: Neumarkt-St. Veit in alten Ansichten, Europäische Bibliothek, Zaltbommel, NL. Foto **unten**: Foto Hörl, Neumarkt-St. Veit. Aus: Der Sprachfuchs, Bayern, 3. Schuljahr, Ernst Klett, Stuttgart 1991. **S. 72** Lied: allgemeines Volksgut. **S. 73** nach Hans Baumann: Von wem ist die Hand? (Originaltitel: Kinderhände). Aus: Wer Flügel hat, kann fliegen. Verlag Ensslin und Laiblin, Reutlingen 1966. **S. 78** Die beiden Karten sind entnommen aus: Wortwechsel, Arbeitsheft Sprache 4. Schuljahr. Klett, Stuttgart 1978. Josef Guggenmos: Zwergenpicknick. Aus: Hans Joachim Gelberg (Hrsg.), Das achte Weltwunder. **S. 84** Ursula Wölfel: Die Geschichte vom gehorsamen Jungen. Aus: Ursula Wölfel, Neunundzwanzig verrückte Geschichten. © by K. Thienemanns Verlag, Stuttgart-Wien o.J. **S. 89** Foto: Seeland Public Relations, Köln o.J. **S. 98** Das Jahr ist wie ein Buch. Aus: Christa Zeuch, Lisa, Lolle, Lachmusik. Eine musikalische Entdeckungsreise. Arena Verlag GmbH, Würzburg 1987. **S. 100** Anne Steinwart: Es weihnachtet sehr. Aus: Anne Steinwart, Tausendfüßler lässt schön grüßen. Carlsen Verlag, o.J. **S. 102** Fotos: Hellmut Neugebauer. Aus: Der Sprachfuchs, 3. Schuljahr, Klett 1984. **S. 105** Das Pferd auf dem Kirchturm. Nach Münchhausen. Aus: Der neue Sprachfuchs, Übungsbuch für das 3. Schuljahr. Klett, Stuttgart 1990.

Alle übrigen Texte in „Sprachfuchs II.", Sprachbuch für Klasse 3, sind Originalbeiträge.

1. Auflage   1 ⁵ 4 3 2 | 2001 00 99

Dieses Werk folgt der reformierten Rechtschreibung und Zeichensetzung.
Alle Drucke dieser Auflage können im Unterricht nebeneinander benutzt werden, sie sind untereinander unverändert. Die letzte Zahl bezeichnet das Jahr dieses Druckes.
© Ernst Klett Grundschulverlag GmbH, Leipzig 1997.
Alle Rechte vorbehalten.
Umschlag: Motiv Rolf Bunse
Satz: Lihs, Satz und Repro, Ludwigsburg
Druck: KLETT DRUCK H. S. GmbH, Korb
ISBN 3-12-242323-5

Inhalt

Zusammen in der Schule		Seite 4
Tiere bei uns		Seite 14
Was gibt es zu essen?		Seite 24
Wir bleiben in Verbindung!		Seite 34
Wolken, Wind und Wasser		Seite 40
Umweltschutz geht alle an!		Seite 52
Nicht nur fernsehen!		Seite 60
Wo wir wohnen		Seite 68
Der Wandertag		Seite 78
Ohne Räder läuft nichts		Seite 88
Das Jahr		Seite 98
Herbst		Seite 99
Weihnachtszeit		Seite 100
Winter		Seite 104
Fasching		Seite 106
Frühling		Seite 110
Sommer		Seite 112
Grammatik (Übersicht)		Seite 116
Wörterliste		Seite 120

Zusammen in der Schule
Namenwörter

A Ein Suchbild

| Schnellhefter | Bild | Lesebuch | Stuhl | Sonne |

| Dinosaurier | Türklinke | Fenster | Tasche | Hund |

| Bett | Grünlilie | Gruppentisch | Fahrrad | Treppe |

1. Ordne die Wortkärtchen den Bildern zu!
   Schreibe die Namenwörter mit Begleiter auf:
   a) das Fenster
   b) …
2. Welche Dinge erkennst du noch auf dem Bild?
   Schreibe sie auf!
3. Was gibt es in einer Klasse noch?
   Schreibe noch fünf Namenwörter mit Begleiter auf!

Mit **Namenwörtern** benennen wir Menschen, Tiere, Pflanzen, Dinge.
Namenwörter schreiben wir **groß.**

Namenwörter; Großschreibung

A Gemeinsam nachdenken

1
„Bloß keinen Zank
und keinen Streit!"

2
Das heißt auf Englisch
ganz einfach PEACE

3
und auf Französisch PAIX

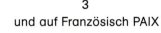

5
und auf Hebräisch
SHALOM

4
und auf Russisch MIR

7
oder:
„Du, komm,
lass uns
zusammen spielen,
zusammen sprechen,
zusammen singen,
zusammen essen,
zusammen trinken
und zusammen leben,
damit wir leben."

6
und auf Deutsch FRIEDE

Josef Reding

1. Sprecht über das Gedicht:
   Wo können Kinder etwas für den Frieden tun,
   wie kann man Streit vermeiden?
2. Erkundigt euch, was „Friede" in anderen
   Sprachen heißt!
3. Was könnt ihr noch zusammen tun?
4. Schreibe die drei deutschen Namenwörter
   aus dem Gedicht auf: *Zank, ...*
5. Suche noch mehr Namenwörter für Gefühle!
   Schreibe sie auf: *Freude, Liebe, Spaß, ...*
6. Jeder wählt ein Namenwort für ein Gefühl aus,
   schreibt es mit großen Buchstaben auf
   und malt ein Bild dazu!
7. Hängt die Bilder in der Klasse auf!

Namen, Namenwörter und **Satzanfänge** werden großgeschrieben.

Namenwörter benennen auch **Gefühle** und anderes, das man nicht sehen kann.

Zusammen in der Schule

Notizen; Abkürzungen; Stichwörter notieren

A Das Aufgabenheft

Die Kinder der Klasse 3a müssen sich jeden Tag viel merken. Heute wiederholt Frau Klein in der vierten Stunde noch einmal:

„Morgen bringt jeder Malkasten, Klebstoff, Schere und einen Malkittel mit. Wir fangen mit unserem Drachen an. Vergesst nicht die Rechenhausaufgabe im Buch auf Seite 14, die Aufgabe 5 und 6 und die Seite 2 im Arbeitsheft. Wer die Rechtschreibaufgaben Nummer 7 und 8 vom Montag noch nicht hat, muss sie auch fertig machen. Denkt bitte an eure Flöten, damit wir für die Monatsfeier üben können."

Lisa hat sich alles im Aufgabenheft notiert.

1. Was bedeuten die Abkürzungen? Schreibe so:
   Rb = Rechenbuch, …
2. Was muss Lisa noch hinzufügen? Schreibe es auf!
3. Schreibe Abkürzungen für diese Wörter auf:
   Sachunterricht, Arbeitsblatt, Lesebuch, Religion, Sport.

B Vorbereitungen

Marco muss noch einiges für morgen vorbereiten:

Malkasten gründlich auswaschen und neues Deckweiß kaufen

im Schuhgeschäft Moser neue Schuhbänder für die Turnschuhe besorgen

die fehlenden Holzfarbstifte ergänzen

Papa nach der Schere fragen

Malkittel aus dem Schrank nehmen

alles für morgen in den Schulranzen packen

4. Schreibe für Marco einen kürzeren Merkzettel, etwa so: Malkasten auswaschen
   Deckweiß, …

Tuwörter; vorangestellte Wortbausteine

A Kommen

Kevin hat acht Fehler im Diktat. „Das kann doch einmal ___", tröstet ihn die Mutter.
Lisa wünscht sich ein schönes Spiel. „Vielleicht wirst du es zum Geburtstag ___", meint der Vater.
Die Lehrerin der 3a, Frau Klein, hat einen Stapel Bücher mitgebracht. „Kannst du bitte ___", sagt Frau Klein zu Tanja.
„Heute besuchen wir den Zoo. Wir werden dort etwa um zehn Uhr ___", verspricht Frau Klein der 3a.

Tuwörter sagen uns, was Menschen, Tiere, Dinge und Pflanzen tun.
Tuwörter schreiben wir **klein**.

1. Diese Wörter fehlen: ankommen, herkommen, bekommen, vorkommen.
   Schreibe die Sätze vollständig auf!
2. Kennst du noch andere Tuwörter mit |be| oder |vor|?
   Schreibe wenigstens zehn auf!
3. Rahme die vorangestellten Wortbausteine der Tuwörter in den Aufgaben 1 und 2 ein!

Viele Tuwörter bekommen durch einen vorangestellten Wortbaustein einen anderen **Sinn**:
suchen – |besuchen|, ...

B Unser Besuch im Zoo

Morgen |suchen| wir den Zoo. Um neun Uhr werden wir gemeinsam mit dem Bus |zurückfahren|. Es wäre schön, wenn keiner aus der Gruppe |vergeht|, damit wir niemanden |besuchen| müssen. Gegen 13 Uhr werden wir |hinfahren|. Ich bin sicher, dass die Zeit schnell |weggeht|.

4. Wie heißen die Sätze richtig?
5. Was könnte auf dem Ausflug passieren?
   Erzähle:
   |vorschlagen| möchten – Seehunden |zusehen| – Schwanzflossen |schlagen| – sich |vorsehen| müssen – sonst nass werden – Affen |aufnehmen| wollen – sich Bananen |wegnehmen| – Sonne |untergehen| – Licht |angehen| – Uhr |nachgehen| – alle |mitgehen|

Zusammen in der Schule

Wiewörter

Mit **Wiewörtern** können wir Menschen, Tiere, Pflanzen, Dinge, Gefühle und Empfindungen genauer beschreiben. **Wiewörter** schreiben wir **klein**.

A An der Pinnwand

1. Welche Anzeige ist von einem Spaßvogel?
2. Schreibe die Wiewörter in den Anzeigen so auf: *schwarzen – schwarz, langen – lang, …*
3. Ersetze in vier der Anzeigen die Wörter durch andere Wiewörter!
4. In einer Anzeige fehlen alle Wiewörter. Setze passende ein!
5. Schreibe eine eigene Anzeige mit wenigstens drei Wiewörtern!

Satzarten

A Die Klassenordnung

Die Klasse 3a spricht über eine Klassenordnung.

1. Schreibe die Sätze ab und setze die richtigen Satzzeichen!
2. Untersuche die Sätze: Wo steht das Tuwort
   - in den Aussagesätzen
   - in den Fragesätzen
   - in den Befehlssätzen?

- Brauchen wir überhaupt Regeln
- Regeln sind überall notwendig
- Schrei nicht so laut
- Lass Marco bitte ausreden
- In der Pause lüften wir
- Wir sind immer pünktlich
- Müssen wir die Regeln immer einhalten

B Alle helfen mit

Bevor die Kinder das Klassenzimmer verlassen, gibt es noch einiges zu tun.
Frau Klein fordert einzelne Kinder auf:
Gieß bitte …!

3. Schau die Bilder an!
   Wozu wird Frau Klein die Kinder noch auffordern?
   Schreibe die Befehlssätze auf!
4. Frau Klein fragt, ob heute jemand Geburtstag hat,
   ob alle die Hausaufgaben gemacht haben,
   ob die Arbeitsblätter schon verteilt worden sind,
   ob die Fehler verbessert wurden.
   Wie fragt Frau Klein?
   Schreibe die vier Fragesätze auf!
5. Frau Klein erzählt, dass morgen ein Diktat geschrieben wird, dass es heute keine Hausaufgaben gibt, dass ihre Sprechstunde am Freitag leider ausfällt.
   Schreibe die drei Aussagesätze auf!

Fragesatz?

Befehlssatz!

Aussagesatz.

Zusammen in der Schule

Alphabet; Selbstlaute; Umlaute; Mitlaute

A Das Alphabet

1. Welche Buchstaben fehlen in dem Alphabet am Rand?
2. Schreibt alle 26 Buchstaben auf Pappkarten oder Holzbausteine! Ordne nach dem ABC und lasse dabei einige Buchstaben verschwinden! Das Kind neben dir soll herausfinden, welche Buchstaben fehlen.

B Ordnen nach dem ersten Buchstaben

Diese Kinder sind neu in der Klasse:
Mädchen: Doris, Tina, Susi, Katja, Nicole, Claudia
Jungen: Bastian, Julian, Ingo, Peter, Udo, Florian

3. Ordne die Namen der Mädchen nach dem ABC!
4. Ordne die Namen der Jungen nach dem ABC!
5. Ordne Mädchen- und Jungennamen in **einer** Liste nach dem ABC!

C Ordnen nach dem zweiten Buchstaben

a)

Kreide   Klecks   Korb   Kind

b)

Topf   Tisch   Teddy   Tafel

6. Die Bilder in den Reihen a) und b) sind nicht nach dem ABC geordnet. Schreibe so: *Kind, Klecks, …*
7. Stelle dir auch ein Bild-Wort-Rätsel her! Schneide es aus und lasse deinen Partner die richtige Reihenfolge finden!

Zur Erinnerung:
Die **Selbstlaute** heißen **a, e, i, o, u**.
Die **Umlaute** heißen **ä, ö, ü**.
Die anderen Buchstaben heißen **Mitlaute**.

Wörter mit dem gleichen Anfangsbuchstaben ordnen wir nach dem **2. Buchstaben:** Ki̱nd
  Kḻecks

Alphabet

A Vornamen und Familiennamen

1. Schreibe eine Klassenliste mit Familien- und Vornamen: *Klein, Susanne, ...*
2. Unterstreiche die Familiennamen und ordne sie nach dem Alphabet, so wie hier:
   <u>Alber</u>, Thomas
   <u>Ammer</u>, Sonja
   <u>Bauer</u>, Irene
3. Ordne auch diese Namen:
   Kammer, Julia   Klegel, Florian
   Kaiser, Jochen   Kern, Mira
   Kittner, Dieter   Kracht, Ines
   Kolbe, Christian   Kufner, Lisa
4. Wie wollt ihr die Bücher in eurer Klasse ordnen?
   a) nach Sachgebieten
   b) nach dem Namen der Autoren
   c) nach dem Buchtitel
5. Die Klasse 3b hat zum Thema „Unterhaltendes" neun Bücher.
   Ordne sie nach b) und c), schreibe auf!
6. Unterstreiche die Familiennamen der Autoren!
   Fahre die Anfangsbuchstaben farbig nach!

Ahrens, Daniela
Akgün, Bektas
Beiermeister, Lara
Damm, Katja
Gabriel, Olaf
Rodi, Martin
Thobor, Alexandra

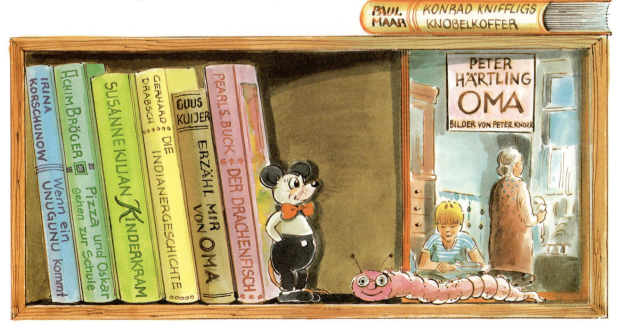

Zusammen in der Schule

Übungsplan für Rechtschreibtexte; Lernwörterheft; Diktat

A Deine Anfangsbuchstaben

So schön kannst du deine Anfangsbuchstaben auch malen.

1. Male sie mit Wasserfarben nebeneinander in die Mitte eines Blattes!
2. Umrande die Buchstaben mit den Farben, die dir gefallen!

Lernwörter

B Diktat: vorher Lernwörter üben!

Spaß und Spiel
Die Stunde fängt heute Morgen mit einem Spiel an.
Daniel soll die anderen mit dem Ball treffen.
Sie dürfen nicht zu langsam laufen.
Daniel wirft und trifft Uta. Nun muss Uta werfen.
Das Spiel ist aus, wenn alle einmal getroffen wurden.

3. Lege dir ein Heft für deine Lernwörter an! Nimm dazu ein DIN-A5-Schreibheft! Verwende je eine Doppelseite für einen Buchstaben!
4. Lies die Geschichte still, dann laut aufmerksam durch!
5. Schreibe die Geschichte in Schönschrift ab!
6. Spure die Lernwörter farbig nach!
7. Lies nur die Lernwörter! Sprich sie deutlich!
8. Welche Lernwörter kannst du in Sprechsilben zerlegen? Sprich deutlich, schwinge, klatsche oder stampfe: die, an-de-ren, …

9. Decke die Geschichte ab! Welche Lernwörter weißt du noch?
10. Schreibe die Lernwörter ab!
11. Suche Reimwörter: *Spaß – Maß*, …
12. Trage die Lernwörter in dein Lernwörterheft ein!
13. Lass dir den Text diktieren!

Fehler verbessern; Schreibregeln

A Was die Korrekturzeichen bedeuten

Schreibregeln
1. Nicht über den Rand schreiben!
2. Zeile vollschreiben! (Ausnahme: Gedichte) Wenn nötig, das letzte Wort in der Zeile trennen! (Silbentrennung)
3. Unterstreichen mit Lineal!
4. Hefteinträge sauber gestalten! (nicht nur auf den ersten Seiten)
5. Verbessern! (deutlich, sauber und gut lesbar)

1. Nicht verbessern:

👓 Ich habe nicht aufgepasst, Leichtsinnsfehler!

👂 Ich habe etwas überhört und muss besser hinhören!

|V| Ich habe ein ganzes Wort vergessen und passe beim Vorlesen besser auf!

2. Üben:

|N| **Namenwörter** schreibt man groß.
Ich schreibe das Wort mit Begleiter und Mehrzahl.
Beispiel: *der Ball – die Bälle*

|T| **Tuwörter** schreibt man klein. Ich schreibe das Wort in der Grundform und drei Personalformen.
Beispiel: *fangen – ich fange – du fängst – er fängt*

|W| **Wiewörter** schreibt man klein.
Ich schreibe Steigerungsformen auf.
Beispiel: *groß – größer – am größten*

|V| Ich suche drei verwandte Wörter im Wörterbuch.
Beispiel: *Lehrer – lehren – Lehrerin – Lehre*

|R| Ich suche drei Reimwörter.
Beispiel: *muss – Kuss – Nuss – Schuss*

|5| Ich suche fünf Wörter mit diesem Wortbaustein.
Beispiel: |ver| *verboten, verlassen, verlieren*

|10| Das ist ein wichtiges Wort.
Ich schreibe es zehnmal.

|Ü| Ich übe das Wort fünfmal.

3. Abschreiben:

|A| Ich habe mehr als zehn Fehler gemacht und schreibe den ganzen Text **fehlerfrei** ab.

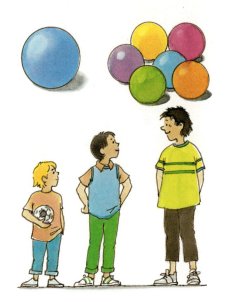

Tiere bei uns

Sätze bilden

A Ein Haus voller Tiere

1. Welche Tiere wohnen in dem Haus?
2. Hier kannst du elf Sätze bauen. Beginne im Dachstock! Schreibe die elf Sätze auf (erstes Wort des Satzes großschreiben, die Punkte nicht vergessen)!
3. Vergleicht eure Sätze!

Satzbau; Umstellprobe; Betonung

A Schnippel-Sätze

HANNI GESTERN HATTE GEBURTSTAG

EINGELADEN ICH AUCH WAR

NACHMITTAG AM ZIRKUS IM ALLE WIR WAREN

WÜRSTCHEN MIT SOLLTE AM ABEND ES SALAT GEBEN

ALLE VOM TISCH FAST ARKO ABER HATTE VORHER WÜRSTCHEN GEHOLT UND AUFGEFRESSEN

1. Schreibe die Wörter jeder Reihe auf Papierstreifen! Schneide dann die einzelnen Wörter ab und ordne sie zu sinnvollen Sätzen:
   Hanni hatte gestern Geburtstag.
2. Schreibe die Sätze auf! Achtung! Satzanfänge großschreiben!
3. Ordne die Papierstreifen neu und schreibe:
   Gestern hatte Hanni Geburtstag.
   Hatte Hanni gestern Geburtstag?

B Gleich und doch verschieden

a) **Hanni** war gestern im Zirkus.
b) Hanni war gestern im **Zirkus.**
c) Hanni war **gestern** im Zirkus.

4. Betone die fett gedruckten Wörter beim Lesen!
5. Welche Fragen gehören zu welchem Satz? Ordne!
6. Schreibe diesen Satz ab:
   | Der Schimpanse | turnt | nachher | im Käfig |.
7. Schreibe zu dem Satz die drei Fragen auf:
   Wer turnt …? W …
8. Betone bei der Antwort die verschiedenen Wörter wie bei Aufgabe 4! Unterstreiche jeweils das stark betonte Wort farbig!

1 **Wer** war gestern im Zirkus?

2 **Wann** war Hanni im Zirkus?

3 **Wo** war Hanni gestern?

Tiere bei uns

Schreibabsichten; nach Vorgaben erzählen

1. September

Juhu, ich freu' mich.
Morgen bekomme
ich einen Hasen
geschenkt.
Er soll Moppel
heißen!!

A Du möchtest schreiben – so macht man das:

1. Überlege zuerst: Für wen schreibst du
   (für dich selbst, für deine Freundin, …)?
   Was willst du schreiben
   (einen lustigen oder spannenden … Text)?
2. Ist ein Entwurf nötig?
3. Überprüfe den Entwurf genau:
   - Hast du so geschrieben, dass man versteht, was du sagen willst?
   - Hast du etwas Wichtiges vergessen?
   - Hast du der Reihe nach erzählt?
   - Hast du den Text gegliedert?
   - Sind alle Wörter richtig geschrieben?
   - Hast du nach jedem Satz ein Satzzeichen gesetzt?
4. Du kannst dir helfen lassen:
   - andere Kinder fragen
   - die Lehrerin oder den Lehrer um Rat fragen
   - ein Wörterbuch benutzen
5. Hast du jetzt Lust selber etwas zu schreiben (für dich selbst oder für andere)?

B Aus Stichwörtern werden Texte

6. Male solche Blasen auf ein Blatt!
7. Fallen dir Wörter ein, die zum Stichwort „Katze" passen? (Es können Namenwörter, Tuwörter oder Wiewörter sein.)
   Schreibe diese Wörter in die leeren Blasen!
   Male neue Blasen!
8. Suche dann selber ein Stichwort zu einem anderen Thema!
   Trage es in die größte Blase ein und arbeite dann weiter wie bei Aufgabe 7!
9. Zu den Stichwörtern kannst du einen Text erarbeiten. Du kannst auch dazu malen.

nach Vorgaben erzählen; Bitte, Wunsch, Befehl; Darstellendes Spiel

A Spring!

1. Was passiert auf den Bildern? Erzähle!
   Diese Angaben helfen dir:

Tierlehrer Bari – Löwe Sascha – auf Block sitzen – Reifen – aufmerksam anschauen, zuhören – auffordern – springen

sitzen bleiben – laut anschreien, befehlen – Augen zuhalten

leise, höflich bitten – kurz überlegen – genau zuhören

durch Reifen springen

2. Schreibe zu jedem Bild einen Satz auf:
   Bild 1: Tierlehrer Bari ruft dem Löwen ...
3. Schreibe die Geschichte auf! Beginne so:
   *Tierlehrer Bari übt im Zirkus mit seinem Löwen Sascha.
   Er möchte ihm beibringen durch einen Reifen zu springen ...*
4. Diese Bildergeschichte enthält eine wichtige Regel für den Umgang miteinander in der Schule. Welche?
5. Spielt die Geschichte!

Tiere bei uns

Texte überarbeiten; Satzglieder; Umstellung

A Mein Goldhamster

Mein Hamster heißt Hansi. Er lebt bei uns.
Er hat einen großen Käfig als Wohnung.
Er klettert oft in seinem Käfig herum.
Er hat ein Futtergefäß und ein Trinkgefäß.
Er rennt dauernd in seinem Laufrad.
Er bekommt von mir auch einen Kletterbaum.
Er darf auch manchmal frei herumlaufen.
Er hat sich einmal unter dem Bett versteckt.

1. Achte beim Lesen auf die Satzanfänge!
2. Stelle ab dem dritten Satz die Wörter so um, dass sie nicht mehr mit „Er" beginnen! Zum Beispiel: *Als Wohnung hat er ... In ... Er ... D ... V ... M ... E ...*
3. Kreise die Satzglieder ein:

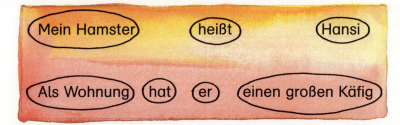

Ein Satz besteht aus **Satzgliedern.** Alle Wörter und Wortgruppen, die man in einem Satz **umstellen** kann, heißen Satzglieder.

4. Überlege, welche Wörter man beim Lesen betonen muss! Unterstreiche sie!

B Tierische Redensarten

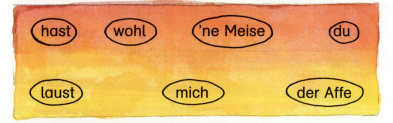

Wenn man in einem Satz die Satzglieder **umstellt,** verändert sich der Satzanfang.
Dadurch schließt dieser Satz besser an den vorhergehenden an.

5. Lege die Wortkarten so, dass Redensarten entstehen!
6. Fallen dir noch andere Redensarten ein?
7. Was bedeuten die Redensarten? Sprecht darüber!

Texte überarbeiten; Wortfelder

A Texte verbessern

Ärger in der Pause

In der großen Pause kommt ein Hund auf den
Schulhof gelaufen. Der Hund heißt Purzel.
Der Hund ist klein und weiß. Der Hund kommt von
der Straße. Purzel will mit uns Kindern spielen.
Wie wild rennt der Hund hinter uns her.
Heiko spielt mit dem Ball.
Der Ball fällt auf die Erde. Der Hund beißt hinein.
Die Luft geht aus dem Ball.
Heiko ist wütend auf den Hund.
Darüber lacht Chris.

> Denke daran:
> **Wiederholungen** besonders bei den Satzanfängen **vermeiden!**
> Man kann die **Sätze umstellen** oder kurze **Sätze verbinden.**
> Für „gehen" und „sagen" gibt es bessere Wörter!

1. Lies den Text!
   Achte auf die Satzanfänge!
2. Was muss noch verbessert werden?
3. Texte könnt ihr allein, zu zweit oder in Gruppen
   überarbeiten.
   Probiert verschiedene Möglichkeiten aus!
   Sprecht dann über eure Erfahrungen!
4. Schreibe die Geschichte auf und versuche dabei
   die Wiederholungen zu vermeiden!

Wasserflöhe für unsere Goldfische

Elke und ich wollten für unsere Goldfische
Wasserflöhe fangen. Wir gingen mit einem Netz
und einem Glas an den See. Wir fischten mit dem
Netz im Wasser herum. Wir fingen aber leider nur ein
paar kleine, schwarze Käfer. Wir sagten schließlich zu
einem Mann: „Wo kann man hier Wasserflöhe
fangen?"
Er sagte: „Zur Zeit gibt es hier keine. Das Wasser
ist zu schmutzig."
Wir gingen ganz enttäuscht nach Hause.

> gehen, laufen, schleichen, rasen, hüpfen, spazieren, …

> sagen, fragen, erzählen, antworten, rufen, flüstern, meinen, schimpfen, …

5. Was gefällt euch gut an diesem Text?
   Was muss noch verbessert werden?
   Schreibe deinen verbesserten Text auf!

Tiere bei uns

vorangestellte Wortbausteine; Wortstamm; Personalformen

A Was macht die Katze?

fressen, malen, wachsen, liegen, sehen, sitzen, stehen, spielen, beißen, lesen, schwimmen, schlafen, schreiben, hören, knurren, tragen, rechnen, schnurren, …

1. Schreibe auf, was die Katze tut:
   Die Katze frisst. Die Katze …
   Fünf Tuwörter passen nicht.
2. Schreibe die Tuwörter in der Grundform ab und unterstreiche die Wortstämme: *fressen*, …
3. Bilde Tuwörter mit den Wortbausteinen vom Rand!

Tuwörter haben einen Wortstamm (**lauf, find,** …) und Endungen (e, st, t, en): ich lauf**e**, du läuf**st**, …

B Wenn zwei sich streiten, freut sich der Dritte!

Zwei Hunde ▭ über eine Wiese. Plötzlich ▭ sie einen Knochen. „Der ▭ mir", ▭ der eine. „Ich habe ihn zuerst gerochen", ▭ der andere. „So gut ▭ du doch gar nicht riechen." Die beiden streiten sich weiter, bis ein kleiner Dackel ▭ . „Warum streitet ihr euch um so einen winzigen Knochen? Davon werdet ihr sowieso nicht satt." Flink ▭ er den Knochen und ▭ davon, so schnell er ▭ .

4. Diese Wörter fehlen:
   laufen, bellen, finden, gehören, können, antworten, rennen, kommen, können, packen.
5. Schreibe zuerst die Tuwörter ab und unterstreiche ihren Stamm!
6. Schreibe nun den Text vollständig auf!
   Gib Acht! Die Tuwörter verändern sich.

Tuwörter verändern sich im Satz oft.
Der **Wortstamm** bleibt meistens gleich:
<u>sag</u>en – <u>sag</u>t.

Wortstamm; Personalformen; Fürwörter; Sätze bilden

A Ein Spiel mit Tuwörtern

Lisa und Kevin haben sich ein Spiel mit Tuwörtern ausgedacht.
Man braucht dazu zwei Würfel.
Mit dem ersten würfelt man diese Wörter:
ich, du, er – sie – es, wir, ihr oder **sie.**
Zum Beispiel: 🎲 er – sie – es.
Mit dem zweiten würfelt man ein Tuwort.
Zum Beispiel: 🎲 schlafen.
Dann schreibt man auf: *er, sie, es schläft.*

B So haben Lisa und Kevin gewürfelt

1. Was haben die beiden aufgeschrieben?

C Spielt das Würfelspiel selbst

2. Sucht euch aus der Wörterliste sechs andere Tuwörter für das Spiel aus!
3. Schreibe auf, welche dieser Wörter nicht in der Wörterliste (S. 120–127) stehen: bekommen – bekommst, essen – isst, fallen – fällst – gefallen, schwimmen – geschwommen, rennen – rennst – rannte, lesen – liest – las.

D Ein Tuwort und viele Sätze

4. Schreibe Sätze in dein Heft:

   Die Pflanze   den Reiter
   Das Pferd   einen Ball
   Die Mutter   trägt   die Verantwortung
   Das Kind   Blüten
   Die Lehrerin   das Baby

5. Bilde fünf lustige Sätze!

1. Wurf

ich   du   er, sie, es

wir   ihr   sie

2. Wurf

schlafen bellen   gewinnen

reden   rennen   fliegen

Tuwörter gibt es in der Grundform: schlafen, …
in der Ich-Form: schlafe
in der Du-Form: schläfst
in der Er-Sie-Es-Form: schläft
in der Wir-Form: schlafen
in der Ihr-Form: schlaft
in der Sie-Form: schlafen

Tiere bei uns

lange, kurze Selbstlaute, Umlaute

A **Betonte Selbstlaute verschieden sprechen**

Hase, Vogel, Löwe, Hals, Schnecke, Tier, Ente, frisst, Haare, Zoo, immer, Zahn, dick, dünn, Fell, Pfote, Kopf, Fuß, böse, paar, fressen, unten, ohne, lassen, neben, unter, denn, oben, der, voll

1. Sprich die Wörter deutlich! Untersuche: Welche Selbstlaute/Umlaute betonst du beim Sprechen?
2. Schreibe die Wörter auf, male den betonten Selbstlaut/Umlaut rot nach: *Hase, Vogel, Löwe, …*
3. Jemand liest die Wörter laut vor.
   Die anderen passen genau auf.
   Wer einen langen betonten Selbstlaut/Umlaut hört, macht eine Handbewegung von links nach rechts: Hase, …
   Wer einen kurzen betonten Selbstlaut/Umlaut hört, schnipst mit dem Finger: Hals, …
4. Trage die Wörter in eine Tabelle ein und kennzeichne sie!
   Den langen betonten Selbstlaut mit einem Strich _ :
   H_ase, …
   den kurzen betonten Selbstlaut mit einem Punkt · :
   Hals, …

lang	kurz
Hase	Hals

Zeichen beim Schreiben:
für einen **langen** betonten Selbstlaut/Umlaut: _
und für einen **kurzen** betonten Selbstlaut/Umlaut ·.

Mitlautverdopplung; Diktat

A Der Schmetterling und die Hummel

Die Sonne scheint. Viele Schmetterlinge flattern über die Wiese. Gerade setzt sich ein Zitronenfalter auf eine Blüte. Er beginnt den süßen Blütensaft aus der Blüte zu saugen. Da fliegt eine Hummel heran und kriecht in die Blüte hinein. Für beide Tiere gibt es genug Saft. Dann faltet der Schmetterling langsam seine Flügel auf und flattert los. Die Hummel summt und brummt etwas später davon.

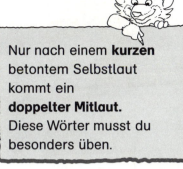

Nur nach einem **kurzen** betontem Selbstlaut kommt ein **doppelter Mitlaut.** Diese Wörter musst du besonders üben.

1. Suche die Wörter mit doppeltem Mitlaut heraus!
2. Sprich die Wörter mit doppeltem Mitlaut deutlich! Wie klingt der Selbstlaut davor?
3. Schreibe die Wörter mit doppeltem Mitlaut auf:
   mm: Hummel ...   nn: ...   ll: ...
4. Suche aus der Wörterliste (S. 120–127) jeweils fünf passende Wörter dazu!

B Mit Namenwörtern benennen wir Tiere

die Drossel, das Lamm, die Giraffe, der Büffel, der Wellensittich, die Ratte, der Bussard, die Forelle, die Gazelle, der Dompfaff

5. Ordne:

Tiere mit vier Beinen	Vögel	Fische
	die Drossel	

C Diktat: vorher Lernwörter üben (s. S. 12)!

Beppo

Im Sommer ist Familie Meier ein Hund zugelaufen. Alle haben viel Spaß an Beppo. In den Ferien holt er die Post an der Tür ab. Dann bellt er, legt sich sofort hin und wartet. Wenn er aber frisst, kann man nicht vorsichtig genug sein und muss ihn in Ruhe lassen.

Ferien — immer
fressen — legt
frisst — man
genug — Post
holen — Ruhe
holt — sofort
im Sommer — vorsichtig

Was gibt es zu essen?

Tabelle anlegen; Informationen

Honig, weißer Zucker, Lauch, Karotten, Cola, Schokolade, Brot, Käse, Kuchen, Wurst, Eis, Bonbons, Brötchen, Erbsen, Pommes frites, Tee, Milch, Eier, Saft, Bananen, Kekse, Spagetti, Kartoffeln

A Gesund oder ungesund?

1. Zu welchen Wörtern gibt es keine Bilder?
2. Was ist gesund, was ist weniger gesund, was ist ungesund?
   Sprecht darüber und denkt dabei zum Beispiel an die Zähne und an das Körpergewicht!
3. Lege eine Tabelle an:

gesund	weniger gesund	ungesund

Spagetti bolognese
Crêpe Suzette
Empanada
Mousse au chocolat
Köfte
Döner Kebab
Kartoffelsalat
Tsatsiki
Cevapcici
Pommes frites
Souvlaki
Ham and eggs
Tiramisu

B Was gibt es heute?

4. • Was steht alles auf der Speisekarte?
   • Was kennt ihr, was kennt ihr nicht?
   • Aus welchen Ländern kommen die Speisen, woraus bestehen sie?
     Tauscht eure Kenntnisse aus!
5. Was isst du gerne? Stelle eine Speisekarte mit deinen Lieblingsspeisen her!
6. Schreibe eine verrückte Speisekarte:
   Spinat mit gepfeffertem Kakao
   Mousse aux Pommes frites
   ...

Informationen; Wiewörter; Darstellendes Spiel

A Lachs aus Norwegen

Viele Lebensmittel kommen aus verschiedenen europäischen Ländern:
Lachs aus Norwegen, Käse aus Holland,
Salami aus Ungarn, Gänse aus Polen,
Schikoree aus Belgien, Weintrauben aus der Türkei,
Käse aus Dänemark, Orangen aus …

1. Welche Lebensmittel kommen aus Deutschland?
2. Was kommt noch aus europäischen Ländern?
   Erkundige dich und schreibe auf!
3. Überlege: Was kannst du statt
   „Lachs aus Norwegen" noch sagen?
   Schreibe die anderen Lebensmittel auch so auf:
   Käse aus Holland – holländischer Käse, …

B Pommes frites – oder Eis – oder …?

Ort: In einem Restaurant
Personen: Kevin, Lisa, ihre Eltern, ein Kellner
Handlung: Der Kellner steht am Tisch und nimmt die Bestellung auf.
             Alle haben Essen und Getränke schon ausgewählt, nur Kevin kann sich einfach nicht entscheiden.
             Er bekommt von den anderen Ratschläge:
             Nimm doch …!
             Entscheide dich doch für …!
             Am besten wählst du …!
             Der Kellner wird langsam ungeduldig.

4. Was sprechen die Personen miteinander?
   Wie geht die Geschichte weiter?
   Besprecht es in der Gruppe!
   Verteilt die Rollen!
5. Spielt, was in dem Restaurant passiert!
   Sprecht darüber!

Was gibt es zu essen?

Stichwörter notieren; Rezept; Satzglieder

Tasse Mehl (Vollkorn)

½ Teelöffel Salz

etwa ½ Tasse

sieben

Langsam so viel Wasser dazugießen, wie nötig ist, um einen glatten Teig zu erhalten.

In 10 Portionen teilen. Tuch darüber, 30 Min. ruhen lassen. In ganz dünne, runde Scheiben ausrollen.

Große Pfanne ohne Fett erhitzen. Scheiben darin langsam beidseitig knusprig backen.

Dabei flach drücken und oft wenden.

gut kneten

A Rezept für zehn Chapattis (indisches Brot)

1. Schreibe das Rezept für die Chapattis in der Ich-Form auf!
   Schreibe zuerst auf, was du alles brauchst!
   Dann schreibst du auf, was du nacheinander tust!
   Für zehn Chapattis brauche ich ...
2. Rahme die Tuwörter in deinem Text rot ein!
   Für zehn Chapattis [brauche] ich ...
3. Ihr habt zu Hause sicher ein Kochbuch.
   Schreibe das Rezept für dein Lieblingsessen ab!

B Alle helfen mit

4. Bilde mit diesen Wörtern Sätze und schreibe sie auf: der Vater, die Mutter, wir, alle, ich, kochen, backen, probieren, spülen, helfen, essen.
5. Rahme grün ein, **wer** etwas macht:
   [Der Vater] kocht.
6. Rahme rot ein, was **gemacht** wird:
   Der Vater [kocht].

Ein Satz hat Satzglieder.
Der **Satzgegenstand** sagt uns, **wer** etwas macht:
der Vater.
Die **Satzaussage** sagt uns, was **gemacht** wird:
kocht.

Rezept; Informationen; Notizen

A **Rezept für Pfannkuchen**

1. Schau dir die Bilder genau an!
   Schreibe auf, was du alles brauchst:
   1 Tasse Vollkornmehl, 1 Schüssel, ...

   > Eine Tasse Vollkornmehl in eine Schüssel ▭.
   > Eine Tasse Milch ▭.
   > Zwei Eier und eine Prise Salz ▭.
   > Mit dem Schneebesen zu einem Teig ▭.
   > Bratpfanne auf den Herd ▭.
   > Etwas Fett darin ▭.
   > Eine Schöpfkelle Teig in die Pfanne ▭.
   > Pfannkuchen auf beiden Seiten ▭.

2. Welche Sätze gehören zu welchen Bildern?
   Ordne zu! *Bild 1: ...*
   Lies das Rezept vor!

3. Schreibe auf, wie man die Pfannkuchen backt!
   Setze dabei die Tuwörter richtig ein:
   Eine Tasse Vollkornmehl in eine Schüssel schütten.
   Eine ...

Was gibt es zu essen?

folgerichtig erzählen; Tuwörter

Roggen Weizen

Gerste Hafer

A Vom Korn zum Brot

Aus dem Mehl ▓ der Bäcker Brot.
Er bringt das Korn zu einer Mühle
und lässt es dort zu Mehl ▓.
Im Frühjahr ▓ der Bauer Korn in den Acker.
Im Sommer ▓ das Getreide. Wenn es reif ist,
▓ es der Bauer mit einer Maschine und ▓ es.

1. Welche Wörter fehlen in dem Text?
   Schreibe sie in der richtigen Form auf!
2. Schreibe den Text dann in der richtigen
   Reihenfolge in dein Heft
   und unterstreiche die Tuwörter rot!

Tuwörter in der Grundform:
säen, wachsen, dreschen, mahlen, backen

Tuwörter in der Er-Sie-Es-Form:
backt, sät, wächst, mäht, drischt, mahlt

Tuwörter: Gegenwart, Vergangenheit

A Wie backte man früher?

Früher rührte und knetete der Bäcker den Brotteig mit der Hand. Danach formte er die Brote und die Brötchen. Die Gesellen heizten den Steinofen mit Holz. Wenn der Ofen heiß war, räumte ein Geselle die Asche und das glühende Holz aus. Erst dann schob der Bäcker die Backwaren hinein. Je nach Sorte blieb das Brot längere oder kürzere Zeit im Ofen.

1. Schreibe den Text ab! Unterstreiche die Tuwörter!
   Wie backte man früher?
   Früher rührte und knetete der Bäcker ...

B Heute backt man meist so

Heute ___, ___ und ___ eine Maschine die Brote und Brötchen. Der Bäcker ___ den Stahlofen mit Öl, Gas oder Strom. Der Geselle ___ den Ofen auch nicht mehr aus, bevor der Bäcker die Backwaren hinein ___. Auch heute ___ die eine Brotsorte länger im Ofen als eine andere: Weizenmischbrot etwa 50 Minuten, Vollkornbrot etwa 90 Minuten.

> Tuwörter sagen uns auch, **wann** etwas geschieht. Sie geben uns die Zeit an:
> **rührt**: Zeitstufe **Gegenwart**,
> **rührte**: **Vergangenheit**.

2. Schreibe den Text ab! Setze beim Abschreiben die Tuwörter der Reihenfolge nach ein:
   rührt, knetet, formt, heizt, räumt, stellt, bleibt.
   Nun steht der Text in der Gegenwartsform.
3. Kreise alle eingesetzten Tuwörter farbig ein!
4. Lege solch eine Tabelle an und trage die Tuwörter ein:

Grundform	Gegenwartsform	Vergangenheitsform
rühren, ...	rührt, ...	rührte, ...

Was gibt es zu essen?

zusammengesetzte Namenwörter; Sprachspiel

A Mehl und Brot

1. Schreibe die verschiedenen Mehlsorten und Brotsorten auf:
   Vollkornmehl, Vollkornbrot, ...

B Klassenwörterkette

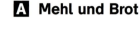

2. Erklärt das Spiel und setzt die Reihe fort!
3. Wiederhole zuerst das zusammengesetzte Namenwort, bevor du dein neues Wort nennst!
   „Silke hat Schüsseldeckel gesagt, mein Wort heißt Deckelgriff."

> Wenn wir etwas genauer bezeichnen wollen, benutzen wir oft **zusammengesetzte Namenwörter:**
> Bei <u>Vollkornmehl</u> weiß jeder, was für ein <u>Mehl</u> gemeint ist.

C Beim Einkaufen

Ein Sieb für den Tee, ein Ei für das Frühstück,
ein Schrank für das Geschirr, Teig für ein Brot,
ein Blech für den Kuchen, eine Tasse für Kaffee

4. Schreibe die zusammengesetzten Namenwörter mit ihrem unbestimmten Begleiter auf:
   ein Teesieb, ...
5. Ein Spiel: Jeder in der Gruppe nennt etwas zum Essen.
   Es sollen zusammengesetzte Namenwörter sein:
   Gurkensalat, Gemüsesuppe, Apfelkuchen, ...
6. Ihr könnt das Spiel auch schriftlich machen.
   Wer findet in fünf Minuten die meisten Wörter?

> Auch zusammengesetzte **Namenwörter** werden **großgeschrieben:**
> *Teesieb.*

zusammengesetzte Namenwörter; Wiewörter

A Tobi geht einkaufen

Vater: „Tobi, gehst du heute einkaufen?"
Tobi: „Ja, gern, das macht mir immer Spaß."
Vater: „Dann schreib alles auf, was ich dir sage!"
Tobi nimmt einen Zettel und schreibt.
Vater: „Zeig mal her! Ach, du meine Güte,
         was steht denn da drauf?"

Essigbrot
Vollkorngurken
Honigsalat
Kopfmelonen
Taschenöl
Olivantücher
Blumenfutter
Vogelkohl

1. Was meint Tobi mit den Wörtern?
   Setze sie wieder richtig zusammen
   und schreibe sie auf!
2. Schreibe selbst einen verrückten Einkaufszettel!
   Überlege dir zuerst zusammengesetzte Wörter!
   Schreibe sie auf einzelne Zettel,
   die du dann auseinander schneidest!
   Nun kannst du zehn lustige Wörter zusammensetzen.
   Du kannst auch Tobis Wörter benutzen:
   Essigkohl, ...
3. Sicher schreibt dir deine Mutter oder dein Vater
   manchmal einen Einkaufszettel.
   Heute darfst du einmal aufschreiben,
   was deine Eltern einkaufen sollen.

Rinder | salami
Leber | wurst
Blumen | kohl
Dosen | milch
Baby | windeln
Früchte | quark

B Lebensmittel und Getränke

Dinge: Butter, Eier, Bier, Käse, Brot, Wurst, Schinken,
Zucker, Tomaten, ...
Wie die Dinge sind: frisch, fein, grob, scharf, süß,
dunkel, weich, hell, weiß, braun, rot, fett, groß, roh, ...

4. Schreibe auf, wie die Waren sind:
   Die Nudeln sind *fein* – die *feinen* Nudeln.
   Unterstreiche die Wiewörter grün!
5. Immer zwei Dinge:
   Sabine kauft schwarzen Tee und frische Butter.
   Gabi ...

Was gibt es zu essen?

Silben; kurze Selbstlaute, Umlaute; ck

A In der Küche

ko	Kaf	Ap	Bir	fee	Ge	se	schen
Kü	ne	lat	ma	To	fel	mü	chen
wa	Spei	But	Sa	sen	ter	te	che

1. Aus den Silben kannst du neun Namenwörter zusammensetzen. (Achtung: Zweimal brauchst du drei Silben für ein Namenwort.) Schreibe alle Namenwörter mit Begleiter auf: *der Kaffee, ...*

B Wörter mit ck

dick, Stück, Brücke, trocken, Rücken, Glück, glücklich, Glocke, dreckig, stecken, drücken, packen, Decke, schrecklich, backen, Acker, Zucker

Wenn **ck** zwischen zwei Selbstlauten steht, trennen wir so:
Brücke – Brü-**ck**e.
Wenn nach ck ein Mitlaut folgt, bleibt ck links vom Trennungsstrich zusammen: glü**ck**-lich.

2. Ordne die Wörter: Namenwörter/Tuwörter/Wiewörter.
3. Unterstreiche den Selbstlaut oder Umlaut und **ck** in den Wörtern: *Acker, ...*
4. Welche Wörter kannst du nach Silben trennen? Sprich deutlich, schwinge oder klatsche! Schreibe dann so auf: *A-cker, ...*

C Beim Bäcker

Frühmorgens steht die ▬ schon in ihrer ▬. Später liegen die frischen ▬ im ▬ zum Verkauf bereit: Brot, Brötchen, Hörnchen, Kuchen.

5. Diese Wörter fehlen: Bäckerladen, Bäckermeisterin, Backstube, Backwaren. Schreibe den Text vollständig auf!
6. Kreise (ck) ein: *Beim Bä(ck)er ...*
7. Schreibe selbst einen kurzen Text, in dem folgende Wörter vorkommen: Zucker, dick, Stück, packen, schrecklich.

Mitlauthäufung; deutlich sprechen; Diktat

A Max und Moritz beim Bäcker

Die Backstube war abgeschlossen. Da rutschten Max und Moritz durch den Kamin. Plumps, fielen sie in die Mehlkiste. Sie stiegen auf einen Stuhl. Platsch, fielen sie in den Kuchenteig. Sie standen auf und der Teig tropfte an ihnen herab. Da kam der Bäcker! Zwei große, braune, knusprige Brote machte er aus ihnen. Aber schon fraßen sie sich knusper, knasper wie zwei Mäuse durchs Gehäuse.

1. Lies den Text! Bei welchen Wörtern hörst du „schp", bei welchen „scht"?
2. Schreibe alle Wörter mit st und sp heraus! Kreise st und sp rot ein!
3. Diktiere deinem Partner diese Wörter: Schrank, schrecklich, schwach, Spaß, schlief, spannend, sprach, Stein, stolz, Stunde!
4. Jetzt diktiert dein Partner dir: spät, Straße, stand, gesprochen, schrieb, schlimm, Schwester, Schere, Stelle, spricht.
5. Kreise st, sp rot ein!

Ein Tipp:
Die Wörter mit **Sp/sp** oder **St/st** am Anfang kannst du so sprechen wie die Leute aus Hamburg: **s**-pitzer **S**-tein. Nun **hörst** du die beiden Laute deutlich.

B Diktat: vorher Lernwörter üben (s. S. 12)!

Lisa und Kevin backen Kuchen
Sie stellen sich Butter, Mehl, Zucker und Eier hin
und machen daraus schnell einen Teig.
Heute sind Lisa und Kevin an der Reihe.
Während der Kuchen gebacken wird, waschen sie ab.
Nun kommen die Äpfel darauf.
Einmal in der Woche wird gebacken.
Das macht ihnen keinen Spaß.

6. Schreibe den Text in der richtigen Reihenfolge auf!
7. Nun hast du einen neuen Diktattext. Unterstreiche die Lernwörter und schreibe sie in dein Lernwörterheft!

backen	Mehl
gebacken	Teig
Butter	während
darauf	waschen
daraus	Zucker

Wir bleiben in Verbindung!

erzählen; nach Vorgaben erzählen; Text überarbeiten

A Der Luftpostbrief

1. Erzähle die Geschichte vom „Luftpostbrief"!
2. Was denkst du über den Vater?
3. Schreibe deine Geschichte auf!
   Solche Wörter könnten darin vorkommen:
   Vater – sitzt – Sessel – liest – Zeitung – Sohn – liegt – Fußboden – schreibt – Brief – Luftballons – gehen – nach draußen – steigen – lassen – spazieren – gehen – auf Baumstamm sitzen – angeflogen – kommen – Brief lesen – wütend werden – verhauen ...
4. Sammle die wichtigsten Stichwörter zu jedem Bild!
5. Wie könnte ein fünftes Bild aussehen?

B Der Geburtstagsbrief

Uta hat ihrer Oma zum Geburtstag einen Brief geschrieben. Uta hat die richtige Adresse und den Absender auf den Umschlag geschrieben.
Nun geht Uta mit dem Brief zur Post. Uta kauft eine Briefmarke. Die Briefmarke klebt Uta auf den Brief. Dann steckt Uta den Brief in den Briefkasten.

6. Der Name „Uta" wird hier zu oft wiederholt.
   Für „Uta" kannst du das Fürwort „sie" einsetzen.
7. Verbinde jeweils zwei Sätze miteinander:
   ... und ...   ... dann ...
   Schreibe den verbesserten Text in dein Heft!

> Für **Namenwörter** kann man **Fürwörter** einsetzen.
> Die Fürwörter in der **Einzahl** heißen:
> **ich, du, er, sie, es, mir, ihr, ...**
> Die Fürwörter in der **Mehrzahl** heißen:
> **wir, ihr, sie, uns, ihnen, ...**

Stichwörter notieren; Text zu Bildfolge; Karte, Brief

A Ein Brief geht auf die Reise

Dirk schreibt einen richtig adressierten Brief an seine Freundin. Er wirft ihn in den nächsten Briefkasten. Von dort wird er ins Postamt geholt. Hier wird jeder Brief gestempelt. Der Stempel nennt die Postleitzahl, Ort, Datum und die Uhrzeit der Bearbeitung.
In Beuteln reisen die gebündelten Briefe mit Auto, Bahn, Flugzeug und Schiff an die Bestimmungsorte. Nun werden sie verteilt nach Straßen, Hausnummern und Postfächern. Zum Schluss wirft der Zusteller den Brief in Marlenes Hausbriefkasten.

1. Schreibe den Weg des Briefes in Stichwörtern auf:
   richtig adressieren, in den Briefkasten werfen, ...
2. Erzähle nun, was einem Brief alles passiert:
   Er muss richtig adressiert werden, ...

B Richtig adressieren

- Anrede: Frau, Fräulein, Herr, Familie, Firma, ...
- Vorname und Familienname
- Straße und Hausnummer
- eine Zeile Abstand: Postleitzahl und Wohnort

3. Was verbesserst du bei den beiden Postkarten?
4. Schreibe fünf Adressen von Mitschülern auf!

Wir bleiben in Verbindung!

Fürwörter; Anredefürwörter; Texte überarbeiten

A Viele Grüße aus den Ferien

Liebe Oma, lieber Opa,

schöne Grüße vom Bodensee. Nächsten Sonntag fahren wir wieder ab. Wir sind jetzt schon eine Woche hier. Wir sind hier gut angekommen.

Lindau, den 25.10.

Liebe Lisa,

gestern haben die Eltern, Jens und Ute vielleicht gelacht! Unser Dackel Waldi sprang ins Wasser. Als er wieder herauskam, schüttelte Waldi sich und spritzte Erika nass. Erika erschrak furchtbar. Erika schimpfte mit Waldi. Waldi verkrümelte sich.

Ich freue mich schon wieder auf das Spielen mit dir.

Herzliche Grüße
deine Ute

Lindau, den 25.10.

Lieber Kevin,

vor vier Tagen sind wir hier angekommen. Gestern sind wir mit ihm am Bodensee spazieren gegangen. Er ist natürlich sofort ins Wasser gestürmt. Als er wieder herauskam, hat er sich ganz dicht bei ihr geschüttelt. Da ist sie richtig nass geworden. Wir haben gelacht. Aber du hättest sie mal hören sollen! Wie die mit ihm geschimpft hat! In einer Woche kommen wir zurück. Dann können wir wieder zusammen spielen.

Viele Grüße
dein Jens

1. Bei dem blauen Brief sind die Anrede und die Grußformel richtig. Ort und Datum stehen auch dort. Die Reihenfolge der Sätze stimmt. Aber irgendetwas ist komisch, oder?
2. Der gelbe Brief hilft, den ersten zu verstehen. Aber auch hier ist etwas merkwürdig.
3. Schreibe den blauen Brief so, dass er verständlich wird!
4. Die blaue Postkarte ist nicht vollständig. Ergänze, was fehlt und schreibe in dein Heft!

Texte überarbeiten

A Einen Briefentwurf überarbeiten

Es gelingt oft nicht, einen Text beim ersten Mal gut zu schreiben.
Das ist normal und überhaupt nicht schlimm, denn man kann Texte ja überarbeiten!
So ging es auch der Klasse 3a aus Neustadt.
Sie wollte die Saalburg besuchen.
Für den Besuch muss man sich anmelden.

```
                              Neustadt, den …

Liebe Saalburg,

wir sind die Klasse 3a der Schillerschule
in Neustadt. Wir haben das Thema Ritter
und Sagen.
Wir haben von den tollen Sachen gehört,
die es bei Ihnen zu sehen und anzuschauen
gibt.
Wir kommen am 12. Februar ab 14 Uhr.
Schreiben Sie uns sofort, ob Sie
an dem Tag Zeit haben.

                              Klasse 3a
```

Wenn wir jemanden mit **Sie** anreden, schreiben wir die **Anredewörter** in Briefen **groß:** *Sie, Ihnen, Ihr, …*

1. Die Kinder fanden den Brief zuerst ganz gut. Einige Sätze gefielen ihnen aber doch nicht so recht.
   Sie haben so lange geändert, bis alle mit dem Brief einverstanden waren.
   Wie sieht euer Brief nach der Abänderung aus?
   Denkt auch an das Datum!
2. Für eure Klasse könnt ihr ein Plakat mit Regeln zur Textüberarbeitung gestalten.
   Ihr könnt noch mehr Beispiele nennen.
   Sammelt Vorschläge und sprecht darüber!

Texte überarbeiten
- Wörter **austauschen:**
  Aus: „Liebes …" wird „Sehr geehrte …"
- Wörter **umstellen:**
  Wir haben im …
  Im Unterricht haben …
- Wörter **weglassen:**
  … die es … zu sehen gibt.
- Wörter **einfügen:**
  Bitte schreiben Sie uns …
- Wiederholungen **vermeiden,** besonders am Satzanfang:
  Wir – Wir – Wir …

Wir bleiben in Verbindung!

Informationen; Darstellendes Spiel; Notizen; Nachricht

A Richtig telefonieren

1. Lisa steht in der Telefonzelle und will telefonieren. Was muss sie tun?
2. Schreibe auf:
   Nimm zuerst den Hörer ab! Wirf Geld ...
3. Stelle dir vor, du musst deine Mutter oder deinen Vater bei der Arbeit anrufen. Du wählst die Nummer, die Abteilungsleiterin meldet sich. Spiele das Gespräch mit deinem Partner!

B Telefonnotizen

Uli ist allein zu Hause. Seine Eltern sind in der Stadt. Plötzlich klingelt das Telefon. Frau Stein meldet sich. Das ist Mutters Chefin.
Sie fragt: „Ist deine Mutter nicht da?"

Uli: „..."
„Dann hör gut zu, Uli! Morgen fliege ich unerwartet nach England. Aber vorher muss ich mit deiner Mutter etwas besprechen. Darum sollte sie mich unbedingt noch heute anrufen. Ich bin aber nur noch bis acht Uhr abends zu Hause. Danach könnte sie mich bis um zehn Uhr unter der Nummer 66 52 91 erreichen. Richte das bitte deiner Mutter aus."
Uli: „..."

„Und einen schönen Gruß. Auf Wiederhören, Uli!"

4. Spielt dieses Gespräch!
   Ergänze die fehlenden Gesprächsteile!
5. Am Abend kehren die Eltern heim. Uli richtet der Mutter aus, was Frau Stein gesagt hat. Wer übernimmt die Rolle der Mutter? Wer jene von Uli?
6. Einen solchen Auftrag sollte man aufschreiben, damit man ihn nicht vergisst.
   Aber wie? Schreibe eine Telefonnotiz!
7. Woran musst du bei einem Notruf (Polizei oder Feuerwehr) alles denken?

Großschreibung; ie; Diktat

A Hier stimmt etwas nicht

schreibt ihren an einen Onkel Lisa Brief	Anschrift die schreibt ihren sie und Absender	Umschlag eine klebt den Briefmarke sie auch auf	nun Lisa den bringt zum Briefkasten Brief

1. Die Wörter sind in jedem Satz durcheinander geraten. Schreibe die Sätze richtig in dein Heft!
2. Rahme jedes **ie** mit einem roten Dreieck ein:
   △ie , …

B Alles Reimwörter?

Brief, nie, Tier, sieben, tief, vier, die, sie, hier, lief, blieb, wieder, Papier, lieben, geschrieben, rief, schlief, wie, ziemlich, Wiesen, geblieben, Spiel, diesen, fiel, fliegen, telefonieren, viel, lieb, verlieren, schrieb, viele, Spiele, biegen, friedlich, kriegen, dieses, diesem, liegen

3. Welche Wörter reimen sich?
   Schreibe jeweils zwei auf: *Brief – tief, …*
4. Schreibe die übrigen Wörter auch auf!
5. Kennzeichne △ie in allen Wörtern!

C Diktat: vorher Lernwörter üben (s. S. 12)!

*Lieber Onkel Ernst,
es war sehr lieb von dir, mir so viele schöne
Sachen zum Geburtstag zu schenken.
Über das Tierspiel, die Puppenkleider und
das Briefpapier habe ich mich sehr gefreut.
Meine Freundinnen, meine Freunde und ich
hatten an diesem Geburtstag ziemlich viel Spaß.
Auch Kevin fand das Tierspiel gut.
Wir haben es immer wieder gespielt.
Viele Grüße deine Lisa*

diesem	Onkel
fand	schenken
gespielt	über
Grüße	war
hatten	wieder
Kleid	ziemlich
Kleider	zum
lieb	Geburtstag
lieber	

Wolken, Wind und Wasser

vorgegebener Anfang; Geschichten erfinden

Einleitung

Wann geschah es?
- gestern Mittag
- bei stürmischem Wetter

Wo geschah es?
- auf dem Nachhauseweg

Wer war daran beteiligt?
- ich

Hauptteil

Was ist alles der Reihenfolge nach passiert?
- am Schirm zerren
- hochreißen
- aufsteigen
- .

Schluss

Wie ging die Geschichte aus?

A Erzählen

1. Welcher Satz passt zu welchem Bild?
   Immer höher trug mich der Wind
   über die Bäume bis zu den Wolken.
   Aber plötzlich riss mich der Sturm in die Luft.
   Ich hatte meinen Regenschirm aufgespannt.
2. Erzähle die Geschichte und denke dir einen Schluss aus!
3. Suche eine passende Überschrift!

B Die Geschichte schreiben

4. Notiere dir zuerst Stichwörter zu deiner ganzen Geschichte!
5. Schreibe die Geschichte auf! So könnte sie anfangen: *Gestern Mittag war ich auf dem Weg nach Hause. Es regnete und der Wind blies. Ich hatte meinen Regenschirm aufgespannt und freute mich schon auf mein warmes Zimmer. Aber plötzlich …*
6. Denke dir selbst eine Geschichte aus, in der das Wetter eine Rolle spielt!
   Beachte die Tipps auf Seite 16!
   - „Dort fliegt unser Schulhaus!"
   - „Heute regnet's Goldstücke"
   - „Anna und Klaus treffen sich auf Wolke 7"
   - „Martin findet den Regenbogen"
   Die schönsten Geschichten sammelt ihr in eurem Buch („Erfundene Geschichten")!

Geschichte ausgestalten

A Gefährliche Heimfahrt

Am Wochenende fuhr ich mit meinen Eltern vom Wandern nach Hause.
Es wurde dämmrig und vor uns tauchte eine schwarze Wolkenwand auf. „Die bringt uns bestimmt Regen", meinte Vater. Schon schüttete es wie aus Kübeln. Die Straße verwandelte sich rasch in einen kleinen Fluss. Auf einmal rief Mama: „Achtung, seht ihr das Auto da vorne! Es gerät ins Rutschen! Es kommt direkt auf uns zu!"
„Da haben wir noch einmal Glück gehabt!", atmete Vater auf.

A: Mein Bruder Mario schrie laut und ich klammerte mich voll Angst am Vordersitz fest. Vater stieg auf die Bremse. Die Autos rutschten aufeinander zu.
Ich konnte nicht mehr hinschauen. Kalt lief es mir den Rücken hinunter. Als ich die Augen öffnete, standen die Autos nur wenige Zentimeter auseinander.

B: Aber mein Vater war ein sicherer Autofahrer und konnte den Wagen zum Stehen bringen.

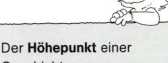

Der **Höhepunkt** einer Geschichte muss ausführlich und **spannend** erzählt werden.

1. Passt der rote oder der blaue Text besser in die Geschichte?
   Begründe!

B Zu viel gewagt

2. Schau dir die beiden Bilder an! Das Bild in der Mitte fehlt. Denke dir aus, was wohl passiert ist! Schreibe den Höhepunkt dieser Bildergeschichte ausführlich und spannend auf!

Wolken, Wind und Wasser

Artikulation, vortragen; Text fortsetzen; erzählen; Wortfeld

A Der Wind droht den Faulen

Bäume mit schlechten Wurzeln will ich ausreißen,
   ich, der Wind, will sausen, will brausen!
Heuhaufen will ich auseinander wirbeln,
   ich, der Wind, will sausen, will brausen!
Das Korn auf dem Acker will ich durchnässen,
   ich, der Wind, will sausen, will brausen!
Lockere Ziegel will ich lösen,
   ich, der Wind, will sausen, will brausen!
Wo Feuer glimmt, da werd' ich es schüren,
   ich, der Wind, will sausen, will brausen!
Den Rauch, den blas' ich dir ins Gesicht,
   ich, der Wind, will sausen, will brausen!
Die Siebenschläfer weck' ich auf,
   ich, der Wind, will sausen, will brausen!
Sausen und brausen und rütteln am Haus!

Sibirisches Lied

1. Gestaltet das Gedicht als Sprechchor: sieben Einzelstimmen, die Wiederholungszeile (den Refrain) alle zusammen: im Chor. Eine Gruppe macht dann „Windmusik"!
2. Dichtet gemeinsam weiter: Der Wind holt Hüte vom Kopf, trocknet Wäsche, nimmt Schirme mit, verbreitet Samen, treibt Segelschiffe, ...
3. Sammle Wörter zum Wortfeld „stürmen" und schreibe sie auf!
4. Hat der Wind bei euch schon einmal etwas angerichtet? Erzähle!

> Zu einem **Wortfeld** gehören Wörter, die in ihrer **Bedeutung** etwas miteinander zu tun haben: wehen, blasen, pusten, ...

Beobachtungen; Zeichen; Informationen

A Axels Wettertagebuch

	Temperatur	Wolken	Wind
Montag	+ 15° C		
Dienstag	+ 12° C		
Mittwoch	+ 8° C		

SONNE

REGEN

GEWITTER

1. Beobachte das Wetter eine Woche lang und führe ein Tagebuch wie Axel!
   Du kannst dir auch eigene Zeichen ausdenken.
2. Wie ist das Wetter heute?
3. Schreibe das Wetter von einer Woche in Sätzen auf:
   Am Montag war es vormittags leicht bewölkt und 15 Grad warm ...

NEBEL

WOLKEN

B Die Wettervorhersage

Die Klasse 3a plante einen Ausflug.

Montag
Dienstag
Mittwoch
Donnerstag
Freitag

SCHNEE

STURM

4. Welchen Tag wählte die 3a aus?
5. Wie soll das Wetter morgen werden?
   Bringt Vorhersagen (Zeitung, Radio, Fernsehen) mit!
6. Vergleicht die Vorhersagen mit euren Beobachtungen:
   Was war richtig, was war falsch?
 7. Denke dir einen Wetterbericht aus:
   „Traumwetter" oder „Sauwetter"!
   Sprich ihn auf einen Kassettenrekorder!

WIND

Wolken, Wind und Wasser

verwandte Wörter; Wortfamilien

Sonn-

Wörter mit einem gleichen oder ähnlichen **Wortstamm** bilden eine **Wortfamilie.**

A Wortfamilien

1. Schreibe die Wörter in der Blume ab! Unterstreiche den Wortteil, der bei allen Wörtern gleich ist!
2. Ordne die Wörter im Schirm:

Namenwörter	Tuwörter	Wiewörter

3. Hier sind drei Wortfamilien durcheinander geraten. Ordne sie! Unterstreiche gleiche oder ähnliche Wortstämme jeweils mit der gleichen Farbe: Schutzimpfung, regnerisch, Schutz, zudecken, Regenschirm, schutzlos, Deckweiß, Deckung, regnen, Regenbogen, bedeckt, Schutzfarbe, schützen, entdecken, Platzregen, geschützt.

4. Zu diesen Tuwörtern findest du am Rand verwandte Namenwörter:

es hagelt   es tropft   es blitzt
es schneit   es stürmt
es regnet
es donnert

Ordne zu:
es schneit – der Schnee, …

Wortbausteine: Nachsilbe -ig; Diktat

A Wetterbericht

1. Der Wetterbericht kündigt an: Wind, Sonne, Wolken, Dunst, Frost, Gewitter, Nebel.
   Schreibe auf, wie es wird:
   Es wird windig, …
2. Bilde aus den Namenwörtern am Rand Wiewörter mit -ig.
   Schreibe so: *Lust – lustig, …*
3. Schlage alle Wörter, die du in Aufgabe 1 und 2 geschrieben hast, im Wörterbuch nach!
   Alles richtig?

Der Wortbaustein -ig macht aus Namenwörtern **Wiewörter**.

B Diktat

Wolken, Wind und Sonne
Gestern brachte der Wind viele dunkle Wolken.
Es fing an zu regnen. Der Wind wurde immer stärker
und viele Sachen flogen durch die Luft.
Auf einmal war wieder Ruhe. Die Sonne schien
und ließ alles trocken werden. Dabei hatte meine
Schwester gesagt, das Wetter sollte schlecht bleiben.

4. Lies die Geschichte zuerst still, dann laut aufmerksam vor!
5. Schreibe die Geschichte in Schönschrift ab!
6. Suche die Lernwörter und unterstreiche sie!
7. Decke die Geschichte ab!
   Welche Lernwörter weißt du noch?
8. Sprich jedes Lernwort deutlich!
9. Welche Lernwörter kannst du in Sprechsilben zerlegen? Schwinge und schreibe: *brach-te, …*

brachte	schien
dabei	Schwester
durch	sollte
fing an	stark
flogen	stärker
gesagt	Wetter
ließ	Wolken

Wolken, Wind und Wasser

folgerichtig erzählen; Informationen

A Der Kreislauf des Wassers

(K) Wenn es regnet oder schneit, sickert Wasser in die Erde.
(a) Dadurch verwandelt sich der Wasserdampf in Wolken.
(e) An manchen Stellen tritt das Grundwasser als Quelle ins Freie.
(i) Von dort fließt es in Seen und in Bäche, Flüsse und Ströme.
(f) Die Wolken werden immer größer und es regnet oder schneit.
(l) Als Wasserdampf steigt es nach oben, wo die Luft kühler ist.
(r) Dort sammelt sich ein Teil des Wassers als Grundwasser, ein anderer Teil wird von den Pflanzen aufgenommen.
(u) Die Wolken werden vom Wind in noch kühlere Gegenden getrieben.
(s) Durch die Wärme der Sonne verdunstet überall das Wasser.

1. Wir wollen den Kreislauf des Wassers beschreiben: Ordne die Sätze so, dass der Kreislauf des Wassers deutlich wird! Erzähle in der richtigen Reihenfolge!
2. Notiere die Buchstaben in der richtigen Reihenfolge! Wie heißt das Lösungswort?
3. Schreibe die Sätze geordnet auf!
4. Beschreibe die Reise eines Regentropfens! Male dazu!

Informationen; Textaufbau; Notizen; sich auseinandersetzen

① Filtertüte

② Filtertüte in Küchentrichter

③ Glasbehälter

④ Leitungswasser

⑤ Schmutz, Erde

⑥ rühren

A Wasser reinigen

1. Überlegt, was ihr nacheinander tun müsst!
2. Schreibe jeden Arbeitsschritt auf:
   Beschreibung unseres Versuchs
   So filtern wir verschmutztes Wasser:
   Wir nehmen zuerst ... Dann ...
3. Sprecht über eure Beobachtungen!
4. Wofür braucht man Wasser?
   Überlegt gemeinsam!
5. Wasser ist kostbar. Begründe!
6. Woher stammt euer Leitungswasser?
   Erkundigt euch!
7. Wie sparst du Wasser?
   Sammelt Vorschläge und sprecht darüber!

⑦ Erd-Wasser filtern

Wolken, Wind und Wasser

Wiewörter (Vergleichsstufen)

A Groß – größer – der größte …

Es war einmal ein Riese.
Der hatte einen großen See,
größer als alle anderen Seen,
den größten See, den es gab.

Der See war tief,
tiefer als alle anderen Seen,
der tiefste See, den es gab.
…

1. Achte beim Lesen auf die Wiewörter! Betone sie besonders!
2. Erzähle weiter:
   In dem See schwamm ein dicker Fisch, dicker als … Neben dem See stand eine hohe Tanne, höher als … Bank (breit) … Tisch (lang) …
3. Schreibe die Wiewörter aus der Geschichte und aus deiner Fortsetzung auf:
   groß – größer – der größte, …

B Vergleichsstufen

4. Übertrage die Tabelle ins Heft!

Grundstufe	1. Vergleichsstufe	2. Vergleichsstufe
hoch	höher	am höchsten
groß	…	…

5. Trage diese Wörter ein:
   hell, dunkler, am schönsten, klein, länger, tiefer, am gefährlichsten, heiß, kalt, am ältesten, ärmer, kurz, groß, schwerer, dick.
6. Welche Wörter fehlen in der Tabelle? Ergänze!
7. Wie steigert man die Wörter gut und gern? Vorsicht! Und wie ist es mit falsch, richtig, tot?

Mit vielen **Wiewörtern** können wir vergleichen:
so hoch wie …
Die meisten Wiewörter kann man **steigern:**
höher als …
der höchste …
am höchsten

qu; x

A An der Quelle

Wir gingen zusammen den Bach aufwärts bis zur ▭.
Dort kam sauberes Wasser aus der Erde und ein
Tümpel hatte sich gebildet. Lisa sagte: „Hört ihr,
wie die Frösche ▭?" Der Tümpel war voller ▭.
Wir fingen keine, denn Tiere darf man nicht ▭.

Quelle, quälen, quaken, Quittung, bequem, Qualm,
Kaulquappen, quer, qualmen, quetschen, Quark,
Qual, überqueren, quietschen, unbequem

1. Welche Wörter fehlen? Schreibe den Text auf!
2. Ordne die Wörter mit **Qu/qu**:
    Namenwörter (mit Begleiter): *die* ...
    Tuwörter: ... Wiewörter: ...

Auf dem Rückweg über__erten wir den Bach.
Ich sagte: „Meine Gummistiefel sind ziemlich
unbe__em." Darauf meinte Lisa: „Immer noch
besser als nasse Füße. In meinen Schuhen
__ietscht das Wasser."

3. Schreibe auch diesen Text auf!
4. Denke dir eine Geschichte aus mit der Überschrift:
    „Frösche im Tümpel"!
    Verwende viele Wörter mit **Qu/qu**!

B Wörter mit Qu/qu oder mit x

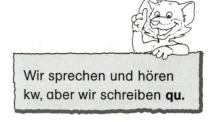

Wir sprechen und hören kw, aber wir schreiben **qu**.

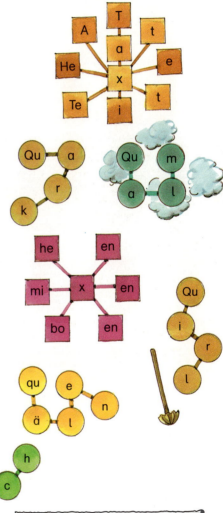

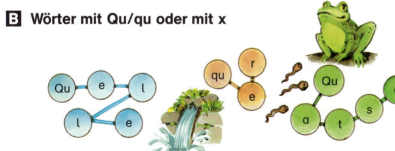

5. Findest du die sieben Wörter mit **Qu/qu**?
    Schreibe sie auf!
6. Schreibe die sieben Wörter mit **x** auf!

Mit **Qu/qu** oder mit **x** gibt es nur wenige Wörter.
Merke dir die wichtigsten:
Quelle, Qualm, Quark, quer, ...
Axt, Taxi, Text, ...

49

Wolken, Wind und Wasser

langer Selbstlaut, Umlaut mit h

A Bilderrätsel

Wenn ihr wegen des schlechten Wetters draußen nicht spielen wollt, könnt ihr Rätsel raten.

1. Diese Wörter gehören zu den Bildern: Kahn, Zeh, Mühle, Uhr, Hähnchen, Huhn, Stuhl, Zahn.
   Schreibe sie in der Reihenfolge der Pfeile auf!
   Beginne mit der Mühle! Für das Lösungswort brauchst du von jedem Wort einen Buchstaben (bei Mühle den fünften, also e).
   Wie heißt das Lösungswort?
2. Unterstreiche die Selbstlaute und die Umlaute! Kreise das nachfolgende **h** ein: Mü(h)le.

B Sechs Wortsterne

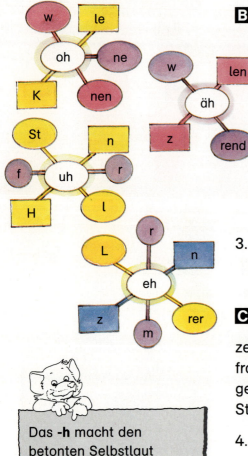

3. Welche Wörter kannst du aus den Wortsternen bilden? Sprich sie deutlich, schreibe sie auf!

C Langer Selbstlaut oder Umlaut?

zehn, bald, dass, Mehl, erzählt, hell, Fehler, gesehen, froh, fahren, Hexe, Wohnung, Ohr, müssen, steht, gefahren, früh, Müll, versteht, Fahrrad, Sommer, Stühle, fröhlich, Lehrer, mehr, Verkehr, fährt

4. Wo hörst du lange betonte Selbstlaute oder Umlaute?
   Schreibe diese Wörter auf und kreise (h) ein!

Das **-h** macht den betonten Selbstlaut *lang*.

Sammelnamen; Diktat

A Sammelnamen

Sammelnamen fassen mehrere Namenwörter zusammen.
Sie helfen dir beim Ordnen von Namenwörtern.

See, Alge, Teich, Forelle, Fluss, Gras, Goldfisch, Bach, Karpfen, Hecht, Hai, Sumpfdotterblume, Tümpel, Schilfrohr, Seerose, Meer

1. Ordne die Wörter den Sammelnamen zu!
   Gewässer: See ...
2. Immer drei Wörter gehören zusammen:
   Schnee, April, Sommer, Nebel, Herbst, Juli, Katze, Regen, Pferd, September, Kuh, Frühling.
   Suche ihre Sammelnamen!

B Diktat: vorher Lernwörter üben (s. S. 12)

Alle brauchen Wasser
Früher musste sich jede Familie noch selber Wasser holen. Die Leute trugen es vom Bach oder vom See nach Hause.
Erst seit etwa hundert Jahren ist das vorbei.
Heute kommt das Wasser durch Rohre in unsere Häuser.
Wir sollten uns jeden Tag darüber freuen, dass wir immer genug sauberes Wasser im Haus haben.

Bach	musste
darüber	nach Hause
dass	Rohr
etwa	Rohre
Fluss	sauber
früh	See
früher	selber
hundert	trugen
Leute	vorbei

Umweltschutz geht alle an!

nach Vorgaben erzählen; Darstellendes Spiel

A **Das strenge Gericht der Tiere und Pflanzen**

1. Worüber beschweren sich die Tiere und Pflanzen?
2. Schreibe ihre Beschwerden auf!
3. Spielt die Gerichtsverhandlung!
   Wer ist der Richter?
4. Schreibe deine Geschichte auf!
   Wenn du willst, beginne so:
   Es war einmal …
5. Vergiss die Überschrift nicht!

informieren

A Schilder und Aufkleber

1. Hast du solche Schilder und Aufkleber schon einmal gesehen? Wo?
2. Was bedeuten sie?
3. Warum gibt es sie?
4. Denke dir selbst solche Schilder und Aufkleber aus!
   Male und schreibe!

Umweltschutz geht alle an!

Informationen

A Der blaue Umweltengel

Hier gibt es viele Produkte mit einem blauen Umweltengel.

1. Findest du diese Produkte?
2. Erkundige dich, welche Produkte umweltfreundlicher als andere sind! Schreibe sie auf!
3. Erkundige dich, warum der blaue Umweltengel für diese Produkte ausgesucht wurde!

Informationen; Notizen; Sammelnamen

A Der umweltfreundliche Schulranzen

Lisa Umweltfan und Tom Umweltmuffel überlegen, was sie in ihren Schulranzen packen. Jeder schreibt seinen Zettel.

1. Was steht auf den Zetteln? Ordne und schreibe die beiden Zettel!
2. Falls du noch mehr umweltfreundliche oder umweltfeindliche Sachen kennst, schreibe sie auf den richtigen Zettel!

Plastiklineal   Holzlineal
Filzstift oder Faserschreiber
lackierte Bleistifte
Getränk in Mehrwegflasche
Getränk in Dose oder Wegwerfflasche
Heftumschlag aus Kunststoff
Heftumschlag aus Altpapier
Brotdose für Schulbrot und Obst
Alufolie/Plastiktüte für Schulbrot und Obst
Tintenkiller   Klebstreifen aus Papier
Kleister oder Leim   Alleskleber (giftig!)
Mäppchen aus Plastik
Mäppchen aus Stoff oder Leder
Radiergummi aus Naturkautschuk
Radiergummi aus Kunststoff
Spitzer aus Holz oder Metall
Spitzer aus Plastik
Wachsmalstifte mit Papierhülle
Wachsmalstifte mit Kunststoffhülsen
Hefte aus Umweltschutzpapier
Hefte aus mit Chlor gebleichtem Papier
Ordner aus Altpapier
Ordner aus Kunststoff
Füllhalter mit Plastikpatronen
Füllhalter mit Tintentank
Einweg-Kugelschreiber
Kugelschreiber mit austauschbaren Minen

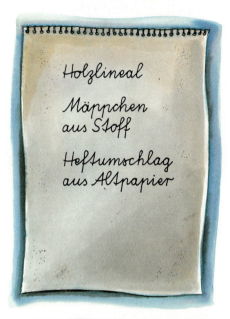

Holzlineal

Mäppchen aus Stoff

Heftumschlag aus Altpapier

Plastiklineal
Mäppchen aus Plastik

Heftumschlag aus Kunststoff

Umweltschutz geht alle an!

Stilübung; Satzanfänge; Text überarbeiten

A Katrins Geschichte

Ich fuhr mit der Bahn nach Hause, und dann aß ich eine Banane, die ich in der Pause vergessen hatte, und dann schaute ich aus dem Fenster, und dann warf ich die Schale aus dem Fenster, und dann stieg ich aus, und dann warf ich den Fahrschein auf den Gehweg, und dann ging ich nach Hause.

Gestern …
Eines Tages …
Nach einer Weile …
Später …
Gleich darauf …
Danach …
Anschließend …
Nun …

1. Was hättest du mit der Schale und dem Fahrschein gemacht? Erzähle!
2. Katrins Lehrerin war mit dem Text nicht ganz zufrieden. Was würdest du anders machen?
3. Schreibe Katrins Geschichte neu!

Texte überarbeiten

Du möchtest einen Text überarbeiten – so machst du das:

Lies den Text genau, überprüfe:
1. Versteht der Leser, was du sagen willst?
2. Ist alles Wichtige enthalten?
3. Stimmt die Reihenfolge?
4. Hast du treffende Wörter und vollständige Sätze geschrieben?
5. Ist der Text langweilig? Oder macht er den Leser neugierig?
6. Stimmt die Rechtschreibung?
7. Gibt es vielleicht eine noch bessere Überschrift?
8. Ist der Text schön geschrieben und gut angeordnet? Jetzt kannst du den Text anderen zum Lesen geben.

B So können Umweltgeschichten beginnen

Letzten Sonntag war ich im …
Eines Tages ging ich …
In der großen Pause …
Unsere Klasse hat neulich …
Beim Einkauf sah ich …
Gestern wollten wir zusammen …

4. Schreibe eine der angefangenen Geschichten zu Ende!
5. Suche eine treffende Überschrift!

nach Vorgaben erzählen; Texte zuordnen; Textaufbau

A Anglerglück

- Als er am See ankam, erschrak er.
  Auf einem Schild stand: „Angeln verboten".
- Unterwegs traf er noch einen Freund.
- Am Wochenende hatte Herr Jakob Lust
  angeln zu gehen.

- Der See war fast kreisrund.
- Doch Herr Jakob machte sich nichts daraus.
  Er ging um den See herum und angelte auf der
  anderen Seite.

- Der Förster hatte sein neues Gewehr dabei.
- Da kam der Förster daher und schimpfte:
  „Können Sie nicht lesen?
  Hier ist Angeln verboten!"
- Doch plötzlich hing etwas Schweres an
  der Angel. Langsam zog Herr Jakob es heraus.

1. Bei jedem Bild ist ein Satz für die Geschichte
   unwichtig. Finde ihn heraus!
2. Ordne die richtigen Sätze und schreibe
   die Geschichte von Herrn Jakob!
   Gestalte den Hauptteil noch etwas aus!
3. Denk dir einen überraschenden Schluss für die
   Geschichte aus (Bild 4)! Denke an die Überschrift!
4. Markiere Einleitung, Hauptteil und Schluss deiner
   Geschichte mit farbigen Klammern!

> In der **Einleitung** steht, **wie**, **wann** und **wo** es zu dem erzählten Geschehen kommt und wer daran beteiligt ist.

> Im **Hauptteil** stellen wir nacheinander ausführlich dar, was passiert.

> Am **Schluss** erzählen wir, wie die Geschichte zu Ende geht.

57

Umweltschutz geht alle an!

b/p, d/t, g/k: im Inlaut und Auslaut; verlängern

A Der Wald

Der Wald ist eine Fabrik für Holz.
Der Wald macht die Luft sauber und frisch.
Die Wälder halten den Lärm ab.
Die Wälder geben vielen Tieren Platz.

1. Warum brauchen wir den Wald?
2. Sprich deutlich: Wald – Wälder.
   Wo klingt **d** weich?
   Wo klingt es hart?

B Wie klingt b, d, g am Wortende?

Dieb, wenig, Bild, Weg, schwierig, halb, Zug, Hund, Mund, Pfennig, Sand, Käfig, Stand, Wand, wichtig, fleißig, Korb, Berg, rund, Tag, Wald, Abend, lustig, Feld, verstand, gesund, Hand, gelb, fremd, vorsichtig, wild, Stab, Geld, gab, Pferd, Rad, zog

Du willst wissen, ob b oder p, g oder k, d oder t am Wortende geschrieben wird?
Dann verlängere das Wort:
Nun kannst du es hören:
der Dieb – die Diebe, …

3. Ordne diese Wörter nach dem Buchstaben am Ende:

… b	… d	… g
Dieb,		

4. So kannst du verlängern: Dieb – Diebe
   halb – halbe
   gab – geben

   Verlängere alle Wörter aus Aufgabe 3 so!
   Lies und sprich die Wörter deutlich!

5. Trenne alle Namenwörter, die du in die Mehrzahl gesetzt hast! Lies und schwinge dabei:
   Die-be, …

6. Lass dir von deiner Nachbarin/deinem Nachbarn fünf Wörter diktieren!
   Dann wechselt ihr euch ab!

7. Setze passende Namenwörter zu den Wiewörtern:
   der schwierige Text, …

ä, a, äu, au; Diktat

A ä kommt von a, äu von au

Bäche, Dächer, Kälte, Fahrräder, Äcker, Gärten, zählen, räumen, läuft, träumen, Bäume, wächst, Wände, Garten, kalt, Dach, Acker, Bach, Fahrrad, wachsen, Zahl, Raum, Traum, Wand, Baum, laufen

1. Welche Wörter gehören zusammen?
   Schreibe so: *die Gärten – der Garten, ...*
2. Suche noch mehr passende Wörter mit **ä** und **äu**:
   der Gärtner, die Gärtnerei, kälter, ...

B Silbenrätsel mit äu und ä

Mäu	ter		Äp	ze
Zäu	se		Sät	fel
Kräu	te		Hän	ser
Häu	ne		Grä	de

3. Setze die Silben zusammen!
   Schreibe die Wörter
   untereinander in dein Heft!
4. Sprich die Wörter deutlich, schwinge
   oder klatsche: *Mäu-se, ...*
5. Welche Wörter mit **au** oder **a** gehören dazu?
   Ergänze: *Mäuse – Maus, Äpfel – Apfel, ...*

C Diktat: vorher Lernwörter üben (s. S. 12)

Wie kann man helfen?
Ihr habt sicher schon viele kranke Bäume gesehen.
Sie kriegen viel zu bald braune Blätter. Ohne grüne
Blätter bekommt der Baum nicht genug Luft.
Und ohne Bäume hätten wir zu wenig Luft.
Die Klasse 3a hat deshalb in schöner Schrift diese
Sätze geschrieben:
Zusammen helfen wir dabei, dass Feld und Wald
sauber bleiben. Wenn wir dürfen, pflanzen wir
auch selber etwas an. Später fahren wir lieber mit
der Bahn als mit dem Auto.

als · pflanzen
Bahn · spät
bald · später
deshalb · wenig
etwas · zusammen
geschrieben
gesehen
hätten
kriegen
ohne

Nicht nur fernsehen!

wörtliche Rede; Satzzeichen

A Da haben wir noch mal Glück gehabt, oder?

1. Schreibe den Satz auf, den Mario sagt:
   Mario sagt fröhlich zu seinem Vater: „ …
2. Was wird Marios Vater wohl sagen?
   Schreibe so:
   Marios Vater antwortet wütend: „ …
3. Schreibe die Sätze ab und setze die fehlenden Satzzeichen!

Zur **wörtlichen Rede** gehören die **Redezeichen**. Vor der wörtlichen Rede steht ein Doppelpunkt. Beim **ersten** gesprochenen Wort steht das Anführungszeichen **unten**. Nach dem **letzten** gesprochenen Wort steht ein Satzzeichen (. ! ?) und das Anführungszeichen **oben**.
Mario sagt **:**
„ *So … kaputt.* **"**

B Der Streit der Satzzeichen

Eines Tages sagte das Komma zu den anderen Satzzeichen Doppelpunkt Ich bin wichtiger als ihr alle zusammen Ausrufezeichen Zudem bin ich schön Komma schlank und ausgesprochen praktisch Punkt Oder glaubt ihr das etwa nicht Fragezeichen
Die anderen Satzzeichen lachten Doppelpunkt Du Komma Fragezeichen Du bist aber ziemlich vorlaut Ausrufezeichen Ohne uns bist du bei deinem Selbstlob auf alle Fälle nicht ausgekommen Punkt

4. Warum fällt euch das Lesen schwer?
5. Schreibe den Text mit den Satzzeichen auf!

erzählen; vorangestellter Begleitsatz

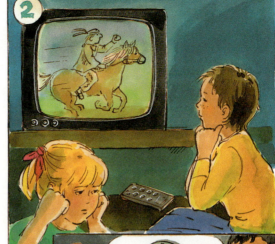

A Welches Programm?

1. Was geschieht auf dem ersten Bild?
   Was sagt Daniel
   zu seiner Schwester Anna?
2. Was sagt der Vater zu seinen Kindern?
3. Wie endet die Geschichte?
   Erzähle! Verwende Begleitsätze
   und die wörtliche Rede!
4. Schreibe deine Geschichte auf!
   Diese Wörter können dir helfen:
   - auswählen – ansehen – streiten – weinen –
     nachsehen – umschalten – ausschalten –
     einschalten – …
   - Fernseher – Programm – Schalter –
     Wohnzimmer – Sessel – Fernsehzeitung –
     Fernbedienung – …
   - stur – eigensinnig – interessant – lehrreich –
     unterhaltsam – einig – …
5. Die meisten Familien
   besitzen nur einen Fernsehapparat.
   Mama, Papa, Tochter und Sohn
   haben verschiedene Lieblingssendungen.
   Wie löst du dieses Problem?

> Zur wörtlichen Rede
> gehört ein Begleitsatz.
> *Daniel sagt zu Anna:* „ …
> ↗
> Das ist der vorangestellte
> Begleitsatz.

Nicht nur fernsehen!

sich auseinandersetzen; Darstellendes Spiel

A Fernsehbilder

1. Diese Bilder von Fernsehern haben Drittklässler gemalt.
   Sprecht über die Texte!
2. Male euren eigenen Fernseher und schreibe auf, was er sagen könnte!
   Mein Fernseher stöhnt: „ …"
3. Die Fernseher von Familie Schulz und Familie Frank unterhalten sich. Spielt das Gespräch!

Informationen; fragen, antworten

A Umfrage

Ihr wollt sicher wissen, wie oft andere Kinder fernsehen, was sie sehen wollen und dürfen, welche Lieblingssendungen sie haben, wie sie die Werbung finden, was sie in ihrer Freizeit am liebsten machen, ...

Das und noch mehr könnt ihr durch eine Umfrage herausfinden.

1. Euren eigenen Fragebogen müsst ihr selbst erarbeiten.
   Überlegt: Welche Fragen wollt ihr stellen?
   Es ist schwirig Fragen so aufzuschreiben, dass sie jeder versteht.
   Probiert bei jeder Frage verschiedene Fragesätze aus! Die besten nehmt ihr für den Fragebogen!
2. Die Auswertung: Ihr zählt bei jeder Frage die gleichen Antworten zusammen.
3. Hängt eure Ergebnisse in der Schule aus (Info-Brett)!

Fragebogen

Wie oft hast du letzte Woche ferngesehen?

☐ gar nicht
☐ an einem Tag
☐ an zwei Tagen
☐ an drei Tagen
☐ an vier Tagen
☐ an fünf Tagen
☐ an sechs Tagen
☐ an sieben Tagen

Wie lang hast du gestern ferngesehen?

☐ gar nicht
☐ mehr als eine halbe Stunde
☐ mehr als eine Stunde
☐ mehr als zwei Stunden
☐ mehr als drei Stunden
☐ mehr als vier Stunden
☐ mehr als sechs Stunden

Welche Sendung siehst du regelmäßig? ▭
Welche Sendung siehst du am liebsten? ▭
Wie findest du die Werbung im Fernsehen? ▭
Welches Hobby hast du ...
Welchen Sport ...
Spielst du ein Musikinstrument? ▭

Nicht nur fernsehen!

Sätze; Satzglieder; Umstellproben

A Spiele mit Satzgliedern

a) GOLDHAMSTER | MEIN | HANSI | HEISST
b) FRISST | MEIN GOLDHAMSTER | KÖRNER
c) HANSI | AM TAG | IN SEINEM HAUS | SCHLÄFT
d) LÄUFT | ER | NACHTS | IM LAUFRAD

Ein Satz hat Satzglieder.
Ein Satzglied kann aus einem Wort oder mehreren Wörtern bestehen.
| HANSI |
| MEIN GOLDHAMSTER |
Satzglieder findet man, wenn man Wörter oder Wortgruppen in einem Satz umstellt.
| HANSI | FRISST | …
| FRISST | HANSI | …?

1. Schreibe die Wörter auf Papierstreifen! Schneide sie aus!
2. Lege mit den Satzgliedern Sätze! Du erfährst dann etwas über Hansi. Beginne mit a)!
3. Vergleicht: Habt ihr alle die gleichen Sätze?
4. Lege andere Sätze:
   a) MEIN GOLDHAMSTER HEISST HANSI.
       HANSI HEISST MEIN GOLDHAMSTER.
       HEISST MEIN GOLDHAMSTER HANSI?
5. b) Mein Goldhamster frisst …
   Schreibe die Sätze b) bis d) auf!
   Achte auf den Satzanfang und das Satzende!
6. Kennzeichne die Satzglieder:
   | Hansi | heißt | mein Goldhamster | .

B Das Wortkartenspiel

7. Schreibe Sätze auf: *Doris spielt Fußball.*
   Achte auf den Satzanfang und das Satzende!
8. Stelle um: *Spielt Doris Fußball?*

Sätze bilden; Umstellprobe; Satzglieder

A Meine Mutter arbeitet in der Praxis

1. Bilde mit den Satzgegenständen und den Satzaussagen in der Figur wenigstens sechs Sätze!

Satzgegenstand
Meine Mutter
Die Lehrerin   Die Sendung
Der Freund   Die Katze
Der Großvater
Das Kind   Er
Sie   Steffi

Satzaussage
schläft   saust   gewinnt
arbeitet
spielt   sitzt
tröstet   repariert
gefällt
malt

uns
ein Bild   durch das Haus   in der Schule
auf der Straße   im Bett   Mikado
vielen Leuten   in der Praxis   den Fernseher
auf der Bank   einen Preis
Tennis

B Satzglieder haben Namen

Du kannst nach den Satzgliedern fragen.

Wer oder was?   Meine Mutter arbeitet.
                Die Sendung gefällt uns!
                Gewinnt Steffi einen Preis?

2. Schreibe die Sätze ab! Frage „Wer/Was?" und unterstreiche das richtige Satzglied!

Was wird gemacht?   Sie repariert den Fernseher.
                      Die Katze saust durch das Haus.
                      Sitzt Großvater auf der Bank?

3. Schreibe die Sätze ab. Frage „Was wird gemacht?" und unterstreiche das richtige Satzglied!

Mit der **Wer/Was**-Frage findet man den **Satzgegenstand**.
Wer arbeitet?
Meine Mutter.

Mit der Frage:
Was wird **gemacht**?
findet man die **Satzaussage**:
Meine Mutter arbeitet.

Nicht nur fernsehen!

ie; Tuwort: Wortstamm, Endung; Mitlauthäufung

A Viele Kinder spielen gern

Liebe Leute nah und fern,
viele Kinder spielen gern
am Meer und auch am See,
auf der Wiese und im Schnee.

1. Bei welchen Wörtern ist der betonte Selbstlaut lang?
   Schreibe sie heraus:
   viele, …
2. Unterstreiche die langen Selbstlaute:
   viele, …
3. Schreibe noch fünf Wörter mit **ie** auf!
4. Suche am Rand zu jedem Wort**anfang** das passende Wort**ende**!
   Schreibe die Wörter auf: *Lieder, …*
5. Ein Kind nennt ein Tuwort,
   der Partner nennt die Du-Form!
   Dann schreiben beide die Wörter auf:

   fliegen   – *du fliegst*
   lieben   – …
   spielen   – …
   kriegen   – …
   biegen   – …
   spazieren – …

Nun nennt der Partner die Du-Form eines Tuwortes,
das erste Kind nennt die Grundform dazu
und danach schreiben beide:

du telefonierst – *telefonieren*
du verlierst   – …
du ziehst   – …
du probierst   – …
du gratulierst – …
du frierst   – …

ie macht das i **lang**.

6. Unterstreiche den Wortstamm, kreise die Endung ein: *du fliegst̃*, …

doppelter Selbstlaut; Alphabet; Diktat

A Mit dem Spiegel lesen

1. Schreibe die zusammengesetzten Namenwörter mit ihren Begleitern auf!

B Wir ordnen die Wörter

der Zoo, der Saal, der Staat, das Meer, der Schnee,
der Tee, das Boot, die Idee, das Moos, die Haare,
ein paar Seiten, die Fee, das Beet, der Kaffee, der See

2. Lies die Wörter deutlich! Wie klingen die Selbstlaute?
3. Ordne die Wörter nach dem Alphabet: *das Beet, …*
4. Baue mit jedem doppelten Selbstlaut einen Wörterturm in deinem Heft:

> Mit aa, ee, oo gibt es nur wenige Wörter. Lerne die wichtigsten auswendig:
> Haare, paar, leer, Schnee, Kaffee, Meer, See, Tee, Boot, Zoo, …

C Diktat: vorher Lernwörter üben (s. S. 12)!

Ein schöner Tag
Am letzten Sonntag waren Dagmar und ihr Vater mit den Rädern fort. Zuerst besuchten sie vormittags den Zoo. Nach drei Stunden hatten sie genug gesehen und fuhren zu einem Spielplatz im Wald. Um ein Uhr packte der Vater die Tüte mit den Broten aus. Dann spielten sie Ball. Später sah es nach Regen aus. Dagmar und ihr Vater machten sich auf den Weg nach Hause. Sie konnten der Mutter viel erzählen.

besuchen   packen
besuchten packten
fuhren   Tüte
konnten   vormittags
letzter   waren
letzten   zuerst
machten

Wo wir wohnen
Informationen; Gegenwart, Vergangenheit

A Früher und heute

Zwei Bilder von einem Ort: Das erste Bild ist älter als hundert Jahre, das zweite Bild wurde vor kurzem aufgenommen.

1. Erzählt, was sich an diesem Ort verändert hat!
   Vergleicht z. B. Gebäude, Straße, Bäume, Fahrzeuge, ...
2. Was ist gleich geblieben?
3. Erkundigt euch, wie euer Ort vor etwa hundert Jahren ausgesehen hat! Vielleicht findet ihr Bilder und Texte.
4. Notiert, was es in eurem Ort Besonderes gibt (z. B. Kirche, Rathaus, Hallenbad, Spielplatz, Gemeindezentrum, Kaufhaus, Straßen, Park)!

Absprachen treffen; Informationen

A Ratespiel: Wie gut kennt ihr euren Wohnort?

1. Bildet Gruppen! Jede Gruppe sucht sich heimlich eine Stelle eures Ortes, eurer Stadt oder eures Stadtteils aus!
2. Jede Gruppe beschreibt auf einem Zettel, was man dort sehen, hören oder vielleicht fühlen oder riechen kann (z. B. Pflanzen im Stadtpark)! Wer will, kann auch Bilder dazu zeichnen.
3. Stellt eure Arbeit der Klasse vor! Die anderen Gruppen raten, welche Stelle ihr beschrieben habt!

> An unserer Stelle steht ein altes Haus. Es hat eine braune Holztür. Wir hören die Kirchenuhr schlagen. Sehen können wir sie nicht.
> Chris

B Wo treffen sich Kinder?

In eurem Ort gibt es Plätze oder Veranstaltungen, die für Kinder besonders geeignet sind: Schulwege, Pausenplätze, Sportvereine, die besten Spielorte, Kinderfeste, ...

4. Sprecht euch in der Gruppe miteinander ab! Jede Gruppe entscheidet sich für ein Thema und sammelt möglichst viele Informationen! Zum Beispiel: An welchen Orten kannst du am besten spielen? Begründe!
5. Schreibe auf, wo du dich nachmittags meistens aufhältst! Schreibe dann, warum du dort bist!

Wo wir wohnen

Gegenwart, Vergangenheit; folgerichtig erzählen

A Früher und heute auf dem Bauernhof

- Heute arbeiten auf einem Bauernhof viel weniger Menschen.
- Alle Arbeiten im Stall und im Haus, auf den Feldern und Wiesen erledigten die Leute von Hand.
- Heute übernehmen Maschinen die meiste Arbeit.
- Auf fast jedem Bauernhof gab es Pferde, Kühe, Schweine und viele Hühner.
- Viele Landwirte halten heute zwar noch Kühe oder Schweine, aber selten Hühner.
- Früher arbeiteten auf einem Bauernhof viele Menschen vom frühen Morgen bis zur Dunkelheit.

1. Hier wird von früher und heute berichtet. Erkläre!
2. Schreibe zuerst die Sätze, die dir erklären, wie es früher war!
   Schreibe dann auf, wie es heute ist!
3. Unterstreiche die Tuwörter rot!

Wir erzählen, was **jetzt** geschieht, in der **Gegenwart:** Sie **arbeitet.**

Wir erzählen, was **früher** geschehen ist oder geschah, in der **Vergangenheit:** Sie **arbeitete.**

folgerichtig erzählen; Alphabet

Letzte Woche fand Stefan Maier das kleine Buch. Er denkt noch immer darüber nach, was die Zahlen wohl bedeuten. Könnt ihr ihm helfen?

Vor vielen Jahren versteckte Hans Maier eine Schatzkiste.

Bald darauf dachte er sich eine Geheimschrift aus. Heimlich schrieb er in sein Notizbuch, wo er den Schatz vergraben hatte.

A Die Schatzkiste

1. In welcher Reihenfolge ergeben die Bilder und die Texte einen Sinn?
2. Schreibe die Geschichte in der richtigen Reihenfolge auf!
3. Welche Bilder und Textstücke gehören zum Anfang, zur Mitte (Hauptteil), zum Schluss der Geschichte?
4. Kannst du Urgroßvaters Geheimschrift entziffern?

B So hat Stefan den Schatz gefunden

1	2	3	4	5	6	7	8	9	10	11	12	13
A	B	C	D	E	F	G	H	I	J	K	L	M

14	15	16	17	18	19	20	21	22	23	24	25	26
N	O	P	Q	R	S	T	U	V	W	X	Y	Z

5. Schreibe jetzt zwei Sätze in der Geheimschrift auf!
6. Versteckt einen Schatz in der Schule! Schreibt in Geheimschrift auf, wo er sich befindet!

Wo wir wohnen

Lied; Informationen

Text und Melodie: volkstümlich

1. Hej, hello, bonjour, guten Tag!
2. Welcome, welcome, welcome, welcome!
3. Buenos dias, buenos dias!

A Willkommen

1. Singt das Lied gemeinsam!
2. In welchen Sprachen steht „Willkommen", „Guten Morgen" und „Auf Wiedersehen" auf dieser Seite?
3. Erkundigt euch, was „bitte" und „danke" in fünf anderen Sprachen heißt!

nach Vorgaben erzählen; sich auseinandersetzen; Informationen

A Wir wohnen in Europa

1. Was gehört zusammen?
   Ordne zuerst und schreibe dann in dein Heft:
   I – Italien – Buon giorno!
2. Fragt ausländische Nachbarn nach weiteren fremdsprachigen Ausdrücken!
   Sammelt und erklärt die Bedeutungen!
3. Besucht den Wochenmarkt oder die Markthalle!
   Schaut euch dort um und notiert, was ihr seht:
   französische Kartoffeln,
   italienische Melonen, …

B Von wem ist die Hand?

Ein italienisches Kind,
ein türkisches Kind
und ein deutsches Kind
spielen am Strand.
Sie drücken ihre Hände in den Sand.
Von wem ist wohl der Abdruck welcher Hand?

4. Denkt über das Gedicht nach
   und sprecht über seine Bedeutung!
5. Schreibe selbst solch ein Gedicht!
   Benutze dazu:
   ein belgisches Kind
   ein griechisches Kind
   ein dänisches Kind
   (oder andere Kinder).
   Und:
   Hände in den Lehm
   Finger in den Teig
   Nasen in den Schnee
   (oder etwas anderes).

Wo wir wohnen

persönliche Fürwörter

Ich wohne gern in unserer ▮▮. Sie hat viele Häuser, Straßen, ein Schloss und ein Museum.

Am liebsten gehe ich am Sonntag in den ▮▮. Er liegt mitten in der Stadt. Dort gibt es viele Tiere in Käfigen oder im Freien.

A Rätsel

1. Für welche Namenwörter stehen die Wörter „sie" und „er"?
Schreibe die beiden Lösungswörter auf!

B Im Zoo

ich
du
er
sie
es
wir
ihr
sie

„▮▮ gehe am Sonntag in den Zoo", erzählt Lisa. „▮▮ freut sich schon riesig darauf. „▮▮ kommst doch bestimmt mit", schlägt sie Sandra vor.
„Schön, gehen ▮▮ zusammen", antwortet Sandra.
Sven kommt dazu und fragt: „Nehmt ▮▮ mich mit?"
Die beiden Mädchen sind einverstanden.
„Die Löwen haben ein Junges bekommen. ▮▮ soll ganz süß sein", sagt Lisa.
Alle drei überlegen, was ▮▮ noch sehen wollen.

2. Welche Wörter passen in die Lücken?

C Streit

Sandra spielt (mit Timo) im Hof.
<u>Sandra</u> wirft einen Papierflieger in die Luft.
<u>Der Papierflieger</u> landet vor Tina.
Sandra sagt: „Das ist mein Flugzeug."
Tina will auch mitspielen. <u>Tina</u> wird zornig.
<u>Tina</u> schreit: „Der Flieger gehört jetzt mir!"

Beim Sprechen und Schreiben stehen **Fürwörter** (ich, mir, du, dir, er, sie, es, ihm, ihr, wir, uns, ihr, euch, sie, ihnen, ...) für Namenwörter.

3. Du kannst die Geschichte kürzer schreiben!
Verwende passende Fürwörter für die unterstrichenen Wörter (sie, sie, sie, er)!

Wörterbuch; t, k am Wortende

A Ordnen nach dem Alphabet

Aussichtstürme, steht, führt, Rathaus, leuchtet, fließt, Dächer, Gasthäuser, Campingplätze, Krankenhäuser, bekommt, Farben, gestellt, Spielplatz, Straßenschilder, erreicht, hängt, Ampeln, bewacht, Parkplatz

1. Ordne diese Wörter nach dem ABC!
   Schreibe sie untereinander!
2. Schreibe Einzahl oder Grundform daneben:
   Ampeln – Ampel, …
3. Suche zehn deiner Wörter im Wörterbuch!
   Hast du alles richtig geschrieben?

> Namenwörter verwenden wir auch in der Mehrzahl:
> **Bälle, Häuser.**
> Im Wörterbuch finden wir sie in der Einzahl:
> **Ball, Haus.**
> Tuwörter finden wir in der Grundform:
> **stehen.**

B t, k am Wortende

Boot, fahren, Fahrt, Mark, Lust, Spaß, Blut, krank, stark, Schrift, Text, Punkt, Zahl, Zoo, Polizist, Schrank, kriegt, fliegt, Tochter, Treppe, hundert, packt, Hut, bekommt, Unterricht, bindest, holt, liegt, zuerst, fast, damit

4. Suche alle Wörter mit **t** oder **k** am Wortende heraus!
   Schreibe sie untereinander auf!
5. Welche verlängerten Wörter passen dazu?
   Schreibe so: *Boot – Boote; Fahrt – Fahrten; Lust – lustig, …*
   Zu welchen Wörtern findest du keine Verlängerungen?
6. In den Kästchen am Rand verändert sich in jeder Zeile nur ein Buchstabe.
   So ergibt sich jedes Mal ein neues Wort.
7. Male die Zauberkästchen ab und fülle sie aus!
   Schreibe alle Wörter auf!
   Kreise den Buchstaben am Ende ein:
   die Zeit…
8. Suche in der Wörterliste oder im Wörterbuch noch fünf Wörter mit **k** und fünf Wörter mit **t** am Wortende! Schreibe sie auf!

Wo wir wohnen

Mitlauthäufung

A **Deutlich sprechen hilft oft beim Schreiben**

Blitz, plötzlich, bloß, Platz, Brücke, Preis, brauchen, Klasse, glauben, Kleid, Glück, klopfen, größer, Kreis, grüßen, früher, kriegen, drei, Treppe, Floh, greifen, klar, Brunnen

1. Sprich die Wörter langsam und deutlich! Halte dir dabei ein Blatt Papier dicht vor den Mund! Was fällt dir auf?
2. Ordne die Wörter nach den Anfangsbuchstaben:
   Wörter mit **Bl/bl:** *Blitz,* …
   Wörter mit **Br/br:** …
   Wörter mit …
3. Unterstreiche die Mitlaute am Wortanfang:
   Blitz, …
4. Welche Wörter enthält die Achterbahn?

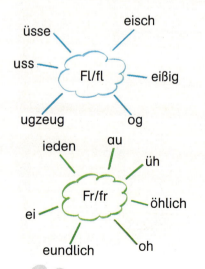

5. Suche in der Wörterliste (S. 120–127) noch fünf Wörter mit zwei Mitlauten am Wortanfang! Schreibe sie so auf: *früh,* …
6. Suche im Wörterbuch drei Wörter mit drei Mitlauten am Wortanfang! Schreibe sie so auf: *Straße,* …
7. Suche fünf Wörter mit vier Mitlauten am Wortanfang! Schreibe sie auf: *Schwester,* …
8. Sprich die Wörter mit **Fl/fl** und **Fr/fr** deutlich und schreibe sie auf! Prüfe (Wörterliste) und verbessere!

vorangestellter Wortbaustein ge-; Diktat

A Buntes Allerlei

Das Papier hat gebrannt,
der Läufer ist *gerannt*.

Die Enten haben geschnattert,
der Motor hat ▭.

Das Fichtenholz hat geglüht,
die Rosen haben ▭.

Kevin und Lisa sind geschwommen,
Mutter ist spät nach Haus ▭.

Wir haben etwas mitgebracht,
beim Spielen wurde viel ▭.

Die Kuh hat Heu gefressen,
wir haben Brot ▭.

1. In welcher Form passen diese Wörter in die Lücken:
   blühen, essen, kommen, knattern, lachen?
   Schreibe ab und ergänze!
2. Schreibe alle Wortpaare auf:
   gebrannt – brennen, ...
3. Setze ge- mit diesen Wörtern zusammen:
   sprechen, treffen, tragen, treten, bleiben, legen,
   bringen, machen, träumen, bauen, schenken,
   schreiben, ziehen, holen, warten, tun, binden.
   Schreibe so: *sprechen – gesprochen, ...*

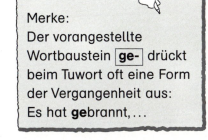

Merke:
Der vorangestellte Wortbaustein ge- drückt beim Tuwort oft eine Form der Vergangenheit aus:
Es hat **ge**brannt, ...

B Diktat: vorher Lernwörter üben (s. S. 12)!

Neue Häuser
Gleich hinter der Brücke ließ die Stadt Wohnungen
bauen. Es gibt dort Bäume, Wiesen und einen Bach.
Bevor die Familien eingezogen sind, mussten die
Räume trocken werden. Dann gab es noch viel zu tun.
Die Zimmer wurden aufgeräumt und die Treppen
sauber gemacht. Der Müll musste weggebracht werden.
Bald waren die Gärten angelegt. Man holte Tische,
Stühle, Schränke und Betten.
Nun brauchen die Kinder noch einen Spielplatz.

aufräumen	
aufgeräumt	
Bett	hinter
Betten	ließ
bevor	Raum
Brücke	Räume
gab	sauber
Garten	Schrank
Gärten	Schränke
gebracht	Stadt
gelegt	Stuhl
anlegen	Stühle
gemacht	Treppe
gezogen	Treppen
eingezogen	

Der Wandertag

sich auseinandersetzen; Informationen; Sprechspiel

A Waldlehrpfad oder Freizeitpark?

1. Der Waldlehrpfad Neustadt hat viele Angebote für seine Besucher. Berichte!
2. Schreibe die Bedeutung der Zeichen auf: *Lehrpfad 1: Grillplatz, Kletterwand, …*
3. Was bietet dagegen der Freizeitpark Erlengrund? Lege auch eine Liste an und vergleiche!
4. Welches Ziel ist für einen Wandertag besser geeignet?
   Denke an: Wanderzeit, Essplatz, Gefahrenstellen, Sport- und Spielmöglichkeiten …

B Zwergenpicknick

Zwölf zünftige Zipfelmützenzwerge, die auf zwölf braunen Tannenzapfen saßen, aßen zweihundertzweiundzwanzig blaue Zwetschgen und als die zwölf zünftigen Zipfelmützenzwerge die zweihundertzweiundzwanzig blauen Zwetschgen gegessen hatten, sagte Zwerg Zwockel zu Zwerg Zwickel: „Mich zwickt's im Bauch!" Drauf sagte Zwuckel zu Zwockel: „Mich auch!"

Josef Guggenmos

Das bedeuten die Zeichen:

Nadelwald ∧
Laubwald ℴ
Wiese, Weide ιι

5. Wer liest am schnellsten ohne sich zu versprechen?
6. Sprecht auf Kassette!

Merkzettel; Sammelnamen; Wortfeld

A Die Vorbereitung des Ausflugs

Die Klasse 3b der Tannen-Grundschule hat sich für den Freizeitpark Erlengrund entschieden. Ihr Ziel ist der Waldsee. Gemeinsam erstellen sie Merkzettel.

Zettel 1 (orange):
feste Schuhe
Jacke oder Pullover
Wurstbrote
Verstecken
Apfelsinen
Eierlaufen mit Tennisbällen
Saft

Zettel 2 (blau):
Turnschuhe
Rote Wurst
Schnitzeljagd
Bananen
Sackhüpfen
Kekse
Wassertragen in durchlöcherten Pappbechern

Zettel 3 (rosa):
Regenumhang
Äpfel
Bauen mit Steinen
Schokolade
hart gekochte Eier
Anorak
Schatzsuche

1. Ordne die Wörter der drei Zettel:
   1. Kleidung   2. Spiele   3. Verpflegung
2. Ergänze die Zettel: Mantel, Käse, Gummistiefel, Fangen, Gurken, Tomaten, Katz und Maus, Luftballons.
3. Mit welchem Sammelnamen kannst du diese Namenwörter zusammenfassen:
   Taschenlampe, Regenschirm, Wanderkarte, Rucksack, Handtuch, Uhr, Fotoapparat, Papier, Tragetasche, Schreiber?
4. Suche zu diesen Sammelnamen passende Namenwörter: Getränke, Speisen, Obst, Gemüse!

B Mit unseren Beinen und Füßen gehen wir

5. Welche Tuwörter sagen, wie man geht? Schreibe sie auf!
6. Ordne: langsam gehen: spazieren, ...
   schnell gehen: rennen, ...
   besonders gehen: trippeln, ...
7. Schreibe die Tuwörter auf, die nicht zu „gehen" gehören!

Wörter auf den Schuhen: rennen, trippeln, schlurfen, sollen, bummeln, sausen, stolpern, halten, machen, hören, watscheln, laufen, fahren, marschieren, weinen, latschen, finden, haben, stelzen, arbeiten, schleichen, spazieren, schreiten, flitzen, fliegen

Der Wandertag

Satzglieder; Frageprobe; Umstellprobe

A Schlimme Folgen

So sah es am Waldsee aus, als die Klasse 3b ihr Ziel erreicht hatte:

1. Bilde Sätze mit den Satzgliedern!
2. Vergleicht: Habt ihr alle die gleichen Sätze geschrieben?
3. Stelle deine Sätze um:
   Bananenschalen hingen in den Bäumen.
   In den Bäumen hingen Bananenschalen.
4. Wie heißen die Satzglieder?
   Wie fragst du nach diesen Satzgliedern?
5. Schreibe fünf Fragesätze mit den Satzgliedern!

B Spielen

6. Bilde möglichst viele Sätze mit diesen Satzgliedern!
   Stelle die Satzglieder auch um!
7. Denkt euch selbst Satzglieder aus!
   Bildet möglichst lustige Sätze:
   Die Katzen tanzen auf dem Tisch.
   …

Du erinnerst dich:
Nach dem **Satzgegenstand** fragst du:
Wer oder **was**?
Nach der **Satzaussage** fragst du:
Was wird **gemacht**?

Zeitstufen Gegenwart, Vergangenheit; Satzglieder

A Der Waldlehrpfad

Heute freut sich die Klasse 3a besonders: Es ist Wandertag! Frau Klein führt die Kinder den Waldlehrpfad entlang. Sie erklärt zuerst die verschiedenen Baumarten. An einigen Bäumen hängen Lehrtafeln mit Bildern verschiedener Vögel. Plötzlich springt ein Reh vor den Kindern über den Weg. Lisa beobachtet es genau. Ein Eichhörnchen klettert flink auf eine Eiche. Zum Schluss essen die Kinder die mitgebrachten Brote.

Das weißt du schon:
Wir erzählen, was **jetzt** geschieht, in der
Gegenwart: Sie **freut** sich.

Eine Woche später schreibt Lisa einen Brief an ihre Freundin:

> Liebe Elke!
> Vor einer Woche <u>freute</u> sich unsere Klasse besonders:
> Es <u>war</u> Wandertag! Frau Klein <u>führte</u> uns ...

1. Schreibe den ganzen Brief! Achte auf die Vergangenheitsform!
2. Trage die Tuwörter aus dem oberen Text und dem Brief in solch eine Tabelle ein:

Grundform	Gegenwart	Vergangenheit
sich freuen	freut sich	freute sich

Das weißt du schon:
Wir erzählen, was **früher** geschehen ist oder geschah,
in der **Vergangenheit:**
Sie **freute** sich.

3. Trage auch diese Wörter in die Tabelle ein:
antwortete, bauen, bringt, bremsen, erlaubt, finden, flog, hielt, holen, lassen, sang, treffen, wusstest, willst, zeigst, fiel, nimmt, kam, kriegst, kannte, braucht, beißen, bekam, dachte, darf, feiern, gehört, gewinnen, grüßt, warf, sprach.

4. Suche in dem Brief bei jedem Satz den Satzgegenstand und die Satzaussage! Rahme ein:
Satzgegenstand grün: wir ,
Satzaussage rot: freuten uns .

Der Wandertag

nach Vorgaben erzählen; Text überarbeiten

A Was ist passiert?

1. Beim Einsteigen in den Bus fehlt Patrick.
   Was ist passiert? (Patrick versteckt sich – Patrick kommt nach einer Weile heulend angerannt – …)
   Erzähle dazu eine Geschichte
   und denke dir eine Überschrift aus!
2. Hast du schon einmal etwas Ähnliches erlebt?

B So beginnt eine Geschichte

An unserem letzten Wandertag gab es große Aufregung.
Als wir nach einer schönen Wanderung durch den Wald wieder am Bus ankamen, fehlten Lisa und Kevin. Bei der letzten Rast am Abenteuerspielplatz hatten sie noch mit uns gesprochen.

3. Wie geht die Geschichte weiter?
   Schreibe die Fortsetzung und den Schluss auf!
4. Denke dir eine Überschrift aus!
5. Was würdet ihr am Wandertag gern unternehmen?
   Begründet eure Wünsche!

C Udos Geschichte für das Geschichtenbuch

schleichen fahren
laufen folgen
stolpern wandern
rennen überqueren
zurückkehren
sausen schlurfen
bummeln trippeln
schreiten

Gestern war Wandertag. Wir trafen uns an der Schule. Von dort aus ging es mit dem Bus zum Spielplatz. Alle freuten sich schon auf unser Spiel. Gerd ging fort und später gingen wir hinter Gerd her. Die Zeichen zeigten uns den Weg durch den Wald bis zu einem Bach. Wir gingen hinüber und konnten Gerd bald fangen. Damit war das Spiel zu Ende und wir gingen zurück.

6. Welche Wörter verwendet Udo zu oft?
7. Schreibe die Geschichte auf! Ersetze dabei „ging" und „gingen" durch passende Wörter vom Rand!

nach Vorgaben erzählen; Textaufbau

A Marios Geschichte

Letzten Montag holte ich für den Wandertag
zwei Flaschen Apfelsaft aus dem Keller.

Es gab einen Knall und der Boden war voll
mit Scherben und Saft.

Er sagte: „Das kann doch mal passieren,
du musst nicht weinen. Das nächste Mal nimmst
du dir eine Tragetasche oder einen Korb mit."

1. Diese Sätze gehören in die Lücken
   von Marios Geschichte:
   Mein Vater nahm die Kehrschaufel, den Besen,
   einen Lappen und einen Eimer mit.
   Erst kehrte er die Scherben auf,
   dann wischte er den Boden trocken.
   Ich erschrak furchtbar, lief die Treppe hinauf
   und fing an zu weinen.
   Als ich wieder abschließen wollte,
   rutschte mir eine Flasche aus der Hand.
2. Schreibe die Geschichte auf!
3. Denke dir eine gute Überschrift aus!

B Deine eigene Geschichte

4. Schreibt alle Wörter vom Rand auf Karten,
   mischt sie und zieht mit geschlossenen Augen
   jeweils drei Karten!
   Versucht die Karten in eine Reihenfolge zu bringen!
   Denkt euch dazu eine Geschichte aus, die ihr in der
   Tischgruppe oder vor der Klasse erzählt!
5. Suche dir Wörter aus: Dachboden – Gespenst
   Scheibe – Ball   Wellensittich – Käfig – Fenster
   Schreibe eine Geschichte (mit Überschrift) dazu!
6. Lest euch eure Geschichten vor! Sprecht darüber!
   Verbessert dann eure Geschichten!

Wandertag Eimer
Hund Auto Schirm
Lehrerin
Gebell Mittwoch Keller
Rucksack Wind
Wurstbrot
Scherben
Apfelsaft Sonne

Der Wandertag

nach Vorgaben erzählen; Geschichte erfinden

A Die Geschichte vom gehorsamen Jungen

Ein Junge tat immer, was ihm gesagt wurde. Er bildete sich viel darauf ein, dass er so gehorsam war. Einmal machte seine Schulklasse eine Wanderung. Einige Kinder wollten bei einer Pferdekoppel stehen bleiben. Auch der gehorsame Junge war dabei. Die Lehrerin sagte: „Wir anderen gehen schon ins Dorf. Ihr könnt nachkommen, dann treffen wir uns im Gasthaus. Geht nur geradeaus weiter und bleibt alle beisammen."
Bald hatten die Kinder den Pferden lange genug zugesehen. Sie wollten jetzt ins Dorf gehen. Natürlich führte der Weg nicht genau geradeaus. An der zweiten Biegung blieb der gehorsame Junge stehen, denn hier zweigte ein Wiesenpfad ab, der führte geradeaus zu einem Kartoffelacker. Dort hörte er auf. „Wir sollen immer geradeaus gehen!", sagte der Junge. „Ins Kartoffelfeld?", fragten die anderen. „Dort links liegt das Dorf. Wir bleiben auf dem Weg."
„Halt!", rief der Junge. „Wir sollen beisammenbleiben!"
„Dann komm doch mit uns!", riefen die anderen.
„Aber ihr geht nicht geradeaus!", rief der Junge ...

Ursula Wölfel

1. Wie könnte die Geschichte weitergehen? Erzähle!
2. Dass der Junge sich so verhält, liegt an einem Missverständnis. Hätte die Lehrerin es etwas genauer erklären müssen oder lag die Schuld bei dem Jungen? Gibt es solche Missverständnisse auch in der Schule?
3. Denkt euch in der Tischgruppe eine Geschichte von einem zu gehorsamen Mädchen oder Jungen aus! Alle notieren sich Stichwörter und schreiben die Geschichte auf!

kurzer und langer Selbstlaut, Umlaut

A Lang oder kurz?

1. Lies die Wörter am Rand halblaut!
2. Stelle die Wortpaare zusammen!
   Miete – Mitte
   st ... –
3. Kennzeichne die langen betonten Selbstlaute mit einem Strich: Mie̅te,
   die kurzen mit einem Punkt: Mi̇tte!
4. Bilde vollständige Sätze mit zehn Wörtern!

> Miete, stehlen, Wal, ihnen, Nase, wen, Ofen, schief, Schal, Aale, Kahn, den

> Mitte, stellen, denn, innen, nasse, Wall, Schall, offen, Schiff, wenn, alle, kann

B Nur lange betonte Selbstlaute und Umlaute?

Nase, Haare, Jahr, Mark, Kasse, zählen, den, leer, voll, Meer, See, zehn, mehr, wir, tief, Boot, Zoo, baden, wegen, damals, lag, mal, wäre, Schnee, Buch, grün, über, früh, ihm, ihr, sieht, nie, liest, nichts, hielt, Besuch, Liter, Telefon, nachdem, aufhören, dieses, bist, entgegen, gewesen, gekriegt, wem, wen, du, Zucker, sprach, Frage, gegen, Schuhe, verloren

5. Sprich die Wörter halblaut, aber deutlich!
   Wo hörst du lange betonte Selbstlaute/Umlaute?
   Wo hörst du kurze?
6. Lege eine Tabelle an!
   Trage die Wörter ein:

lang	kurz
Na̅se, ...	Mȧrk, ...

Kurzer Selbstlaut
a) vor doppeltem Mitlaut
oder b) vor zwei oder mehreren verschiedenen Mitlauten.

Der Wandertag

vorangestellte Wortbausteine

A Der Wortbaustein un-

Der Wortbaustein un- verwandelt Wiewörter in ihr **Gegenteil**.

wahr, vorsichtig, glücklich, gern, gesund, frei, erlaubt, pünktlich, genau, gleich, sicher

1. Bilde immer das Gegenteil:
   wahr – unwahr, …
2. Schreibe noch fünf Wiewörter mit un- aus dem Wörterbuch heraus!

B Welche Wörter findest du?

auf	aus	ein	be	er	ver	vor	zer	
								sprechen
								lesen
								schreiben

3. Schreibe zuerst die Tabelle ab! Kreuze dann überall an, wo du Tuwörter mit vorangestellten Wortbausteinen bilden kannst!
4. Schreibe die Tuwörter auf! Rahme die vorangestellten Wortbausteine ein: *aufschreiben, …*

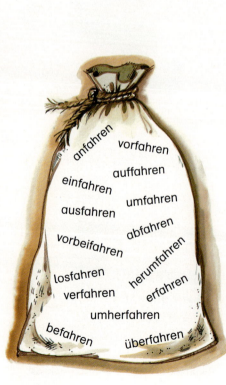

anfahren, vorfahren, auffahren, einfahren, umfahren, ausfahren, abfahren, vorbeifahren, herumfahren, losfahren, erfahren, verfahren, umherfahren, befahren, überfahren

C Lückentext

Der Zug muss gleich ▢. Ute will ihre Puppe im Wagen ▢. Kevin hat ▢, dass er sein Rad nachher abholen kann. Wir wollen sofort noch bei eurer Schule ▢. Auf der Straße wurde eine Katze ▢. Die Eltern haben sich mit dem Auto ▢. Wegen der Bauarbeiten kann man dort vorn die Straße auf einmal nicht mehr ▢. Vater hat im Mai einen kleinen Baum ▢. Kevin wäre fast zu nah ▢.

5. Setze Wörter aus dem Sack in die Lücken!
6. Schreibe die Sätze vollständig auf!
7. Unterstreiche bei den eingesetzten Wörtern den Wortstamm: *abfahren, …*

au; ei; eu; Wörterbuch; Silbentrennung; Diktat

A au, ei oder eu?

Z_gnis, _fsatz, _er, b_ßt, hin_f, H_fen, her_f,
her_n, _re, gen_, R_m, t_send, n_n, P_se, n_,
B_m, k_nem, w_l, T_l, s_ne, l_der, _ns, her_s,
R_se, _nige, _fgabe, dar_s, _s, l_se, _ch, s_ber

1. Ergänze die fehlenden Buchstaben mündlich!
   Schreibe dann die Wörter vollständig auf!
   Achtung! Manchmal gibt es zwei Möglichkeiten.
2. Tauscht die Hefte aus!
   Schlage die Namenwörter im Wörterbuch nach!
   Ist alles richtig?
3. Suche in der Wörterliste (S. 120–127)
   je fünf Wörter mit **au, ei** und **eu**!
   Schreibe sie auf!
4. Schreibe die Reimwörter auf!
   Unterstreiche die gleichen Wortteile:

Baum	euer	du weißt	kein	hinauf
R___	t___	er b___	n___	l___
k___	n___	du h___	her___	her___

B Diktat: vorher Lernwörter üben (s. S. 12)!

Wandertag

Lisa und Kevin haben morgen mit ihrer Klasse einen Wandertag. Sie freuen sich schon sehr. Die Lehrerin bespracht gestern mit den Kindern im Unterricht die wichtigsten Fragen und Punkte. Alle sollen festes Schuhzeug und viele Butterbrote mitnehmen. Zuerst werden sie ein Stück durch den Wald gehen. An einem sauberen Platz wollen sie eine längere Pause machen. Gegen Abend werden sie dann wieder zurück sein. Kevin und Lisa sind schon ganz aus dem Häuschen.

5. Wie gehören die Wörter richtig zusammen?
   Schreibe den Text auf!
6. Vergleiche den Text mit deinem Partner!
   Kontrolliert!

besprach · Schuhe
Frage · Stück
ganz · Unterricht
gegen · Wandertag
längere · wichtig
Pause · wichtigsten
Punkte · zurück

Ohne Räder läuft nichts

nach Vorgaben erzählen; Textaufbau

A **Wie das Rad vielleicht erfunden wurde**

Keiner weiß genau, wie das Rad erfunden wurde. Aber so wie auf den Bildern könnte es gewesen sein.

1. Erzähle die Geschichte und schreibe sie auf! Verwende auch die Wörter vom Rand dazu:
   Vor langer Zeit war der Steintransport eine mühselige Arbeit. Herr Haustein suchte Steine für sein Haus. Grimmig stemmte er einen besonders großen Stein hoch. Da passierte es …
2. Suche eine bessere Überschrift!

vor langer Zeit,
auf einmal, plötzlich,
dann, damals, sofort,
gleich, zum Schluss,
seit diesem Tag

erzählen; Darstellendes Spiel; Informationen

A Das Geburtstagsgeschenk

Lisa feierte vor ein paar Tagen Geburtstag.
Sie bekam ein ganz besonderes Geschenk,
ein Fahrrad.

1. Eine Woche später kommt Lisa nach der letzten
   Stunde aus der Schule. Als sie nach Hause fahren
   will, steht das Rad nicht mehr im Hof.
   Was erzählt Lisa zu Hause? Spielt das Gespräch!
2. Die Polizei bittet sie, eine genaue Beschreibung
   des Rades anzufertigen.
   Es kommt vor allem darauf an,
   dass besondere Kennzeichen enthalten sind.
   Fertige eine Beschreibung an!
   Denke an Griffe, Rahmen, Gepäckträger, Reifen,
   Schloss, Nummer, …
   Das Fahrrad ist besonders gut ausgestattet.
   Es hat …
3. An welchen Besonderheiten würdest du dein
   Fahrrad sofort wieder erkennen?
4. Welche neun Teile gehören zu einem
   verkehrssicheren Fahrrad?
   (Nützliche Hinweise auf Seite 95!)

Herstellernummer
Werkzeugtasche
Abstandhalter
Weißwandreifen
Speichenreflektoren
Kettenschutz
Steckschloss
Gangschaltung
Frontrückstrahler

Ohne Räder läuft nichts

Informationen; Rätsel

A Wie sieht der Dieb aus?

1. Was ist passiert? Erzähle!
2. Schau dir das Bild von dem Dieb kurz, aber genau an! Klappe das Buch zu! Beschreibe jetzt den Dieb! Notiere Stichwörter!
3. Schreibe ein Rätsel zu den Kindern auf dem Bild:
   Wer ist das? Er hat …
   Dein Partner rät.
4. Jeder schreibt seinen Namen auf eine Karte. Dann mischt ihr und zieht. Nun beschreibst du schriftlich das Kind auf der Karte. Die anderen raten.

Texte gliedern; Texte überarbeiten

A Ein Zeitungsbericht

Schüler verunglückt

Am Donnerstag um 7.30 Uhr wollte ein Pkw von der Hauptstraße in die Rosenstraße abbiegen. Der Fahrer übersah einen Schüler, der ihm mit seinem Fahrrad auf der Hauptstraße entgegenkam. Es kam zu einem Zusammenstoß. Der Schüler stürzte auf die Straße und musste verletzt ins Krankenhaus gebracht werden. Das Fahrrad wurde erheblich beschädigt. An dem Pkw wurden kleinere Schäden festgestellt.

1. Schreibe die W-Fragen und die Antworten auf!
2. Suche in der Zeitung eine Unfallmeldung! Schneide sie aus und klebe sie in dein Heft! Prüfe den Unfallbericht mit unseren fünf Fragen: Ist er vollständig? Schreibe Fragen und Antworten unter den Bericht in dein Heft!
3. Hast du schon einen Unfall gesehen? Schreibe fünf Fragen auf und versuche sie zu beantworten!
4. Kannst du den Text verbessern?

> Nach einem vollständigen Bericht kann man diese Fragen beantworten, die alle mit W beginnen.
> **Die fünf W-Fragen:**
> **Wann** fand der Unfall statt?
> **Wo** fand er statt?
> **Wer** war beteiligt?
> **Wie** kam es zu dem Unfall?
> **Welche** Folgen hatte er?

B Nicht vergessen: Fahrrad abschließen!

Gestern fuhr Tanja mit ihrem Fahrrad zum Sportplatz. Sie stellte das Fahrrad in den Fahrradständer. Als Tanja wieder zurückkam, war das Fahrrad weg. Sie suchte es überall. Aber es war nicht zu finden. Schließlich musste Tanja zu Fuß nach Hause gehen. Aber da stand ja das Fahrrad! Ihr Bruder war mit dem Fahrrad nach Hause gefahren, weil Tanja vergessen hatte es abzuschließen.

5. Wohin passen diese beiden Sätze?
   Da erschrak Tanja fürchterlich!
   Tanja fiel ein Stein vom Herzen!
6. Schreibe die Geschichte als Bericht! Denke an die W-Fragen! Vergleiche mit dem Zeitungsbericht bei **A**!

Ohne Räder läuft nichts

Satzgegenstand

A **Alles auf Rädern?**

Schiff Lastwagen Traktor Güterzug Auto Moped Fahrrad Hubschrauber Segelboot.

1. Schreibe auf, wer oder was hier fährt:
   Das Moped fährt auf d ...
   Das Auto fährt hinter ...

B **Was gehört zusammen?**

> Der **Satzgegenstand** sagt uns, **wer** oder **was** **etwas tut.**
> Der Satzgegenstand ist oft ein Namenwort.

Die Busfahrerin	regelt den Verkehr.
Der Mechaniker	verkauft Fahrscheine.
Der Polizist	flickt den Schlauch.
Der Tankwart	schließt die Bustür.
Die Schaffnerin	prüft seine Lok.
Der Lokomotivführer	füllt Öl nach.
Der Radfahrer	betätigt den Blinker.
Die Autofahrerin	schließt sein Rad ab.

2. Schreibe diese Sätze richtig auf!
   Rahme den Satzgegenstand grün ein!

Das Fahrrad putzt den Jungen.
Der Lastwagen belädt den Fahrer.
Der Schlauch prüft Kevin.
Der Sattel rückt die Frau gerade.
Das Fahrrad klaut den Dieb.
Das Autokennzeichen schreibt den Polizisten auf.
Die Gangschaltung repariert das Mädchen.

3. Stelle die Sätze richtig!
   Rahme den Satzgegenstand grün ein!

Sätze erweitern; Befehlssätze

A Kennst du die Verkehrszeichen?

Achtung! Unbetankter Bahnübergang!
Parken auf dem Würgersteig erlaubt!
An dem Andreaskreuz warten, bis die Bienen frei sind!
Die Straße darf nur in dieser Lichtung befahren werden!
Vorsicht, es kommt eine gefährliche Welle!
Achtung, hier können Weine herabfallen oder auf der Straße liegen!

1. Einige Wörter sind hier falsch.
   Die richtigen Wörter reimen sich auf die falschen.
2. Schreibe die Sätze richtig auf!
3. Zeichne die passenden Verkehrszeichen dazu!

B Sätze erweitern

Mutti fragt Laura: „Was tut denn Julia heute?"
Laura antwortet: „Julia fährt!"
Damit ist Mutti nicht zufrieden. „Was? Wo? Mit wem?"
Laura zeigt ihr diese Zettel und lacht: „Rate mal!"

| im Hof | | Roller | | Julia | | fährt | | mit ihrer Freundin |

4. Kannst du das Rätsel lösen?
   Schreibe den Satz richtig auf!
5. Vergleiche Lauras erste Antwort mit deinem Satz!
6. Schneide die Satzglieder aus! Lege sie in verschiedener Reihenfolge zu neuen Sätzen zusammen!
7. Verlängere auch diese Sätze:
   Jürgen läuft. Monika schreibt.

C Das soll man beachten

vor dem Abbiegen Arm in die neue Fahrtrichtung halten und einordnen – im Dunkeln nie ohne Licht fahren – Straße nur auf dem kürzesten Weg überqueren – Gehweg nicht verlassen, wenn es nicht sein muss – daran denken, dass Straßen keine Spielplätze sind

8. Schreibe Befehlssätze auf: *Halte vor dem ...!*

Ohne Räder läuft nichts

Wortfamilien; Wortstamm

A Verwandte Wörter: eine Wortfamilie

Alle diese Wörter haben den gemeinsamen Wortstamm **fahr:**

die Fahrbahn, das Fahrzeug, die Fahrschule, der Fahrlehrer, der Fahrgast, das Fahrgeld, die Abfahrt, die Überfahrt, die Vorfahrt, die Ausfahrt, die Einfahrt, die Bergfahrt, die Talfahrt.

1. Ordne die Wörter so:

   Fahrbahn   Abfahrt
   Fahrzeug   Überfahrt
   Fahr …   … fahrt

2. Unterstreiche den Wortstamm „fahr":

   Fahrbahn, …

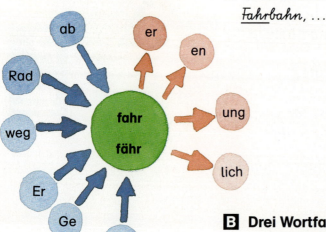

B Drei Wortfamilien

Fahrrad, zählen, sehen, Zahl, Fahrer, sichtbar, fuhr, Vorsicht, Fahrt, Fuhrwerk, erzählen, fahrig, hinsehen, abzählen, vorsehen, fahrbar, zahlreich, Rücksicht, Erzählung, Aussicht, fahren, Zähler, aussehen, erfahren, gesehen, gefahren

3. Ordne die Wörter ihren Wortfamilien zu!
   Wortfamilie fahren: Fahrrad, …
   Wortfamilie sehen: …
   Wortfamilie zählen: …
   Unterstreiche in jedem Wort den Wortstamm:
   Fahrräder, Fahrbahn, …

4. Suche noch mehr Wörter, die zu diesen drei Wortfamilien gehören!

Silben; vorangestellte Wortbausteine

A Fahrradteile

Satteltasche, Vorderradbremse, Schlussleuchte (mit Rückstrahler), Hinterradbremse, Werkzeugtasche, Gepäckträger, Großflächenrückstrahler, Luftpumpe, Gangschaltung, (gelbe) Pedalrückstrahler, Glocke, Tachometer, Scheinwerfer, Kettenschutz, Speichenrückstrahler, (weißer) Frontrückstrahler

1. Welche neun Teile sind für die Verkehrssicherheit des Fahrrads vorgeschrieben? Schreibe die Namenwörter mit dem bestimmten Begleiter auf!
2. Hier kannst du prüfen, ob du die Aufgabe 1 richtig gelöst hast: Richtig zusammengesetzt, nennen die Silben auf dem Rand die gesuchten neun Teile!
3. Wozu brauchst du die neun Teile?

B Wörter bauen

4. Bilde Tuwörter mit den Wortbausteinen am Rand: *anfahren, angehen, auf …*
5. Unterstreiche den Wortstamm und rahme die Wortbausteine ein!

C Der besondere Wortbaustein un-

Straßen heute	Straßen früher	mit einem Wort
gepflastert	nicht gepflastert	ungepflastert
eben	nicht …	…
beleuchtet	nicht …	…
gefährlich	nicht …	…

6. Übertrage die Tabelle und fülle sie aus!
7. Wie schreibt man kürzer: nicht bequem, nicht gern, nicht höflich, nicht klar, nicht möglich, nicht sicher, nicht geschickt, nicht modern, nicht genau? Schreibe die Wörter in deine Tabelle!

Der Wortbaustein un- verwandelt Wiewörter in ihr **Gegenteil.**

Ohne Räder läuft nichts

langer Selbstlaut mit h; Wörterbuch

A Die Vorfahrt nicht beachtet

Auf dem Gehweg stehen ▓ als zehn Leute und schauen auf die ▓. Dort sitzt ein Junge, neben ▓ liegt sein ▓. Nahe dabei ▓ ein großes Auto. Nach ein paar Minuten ist der Krankenwagen da. Der Arzt steigt aus. Er spricht mit dem Jungen. Dann zieht er ▓ den rechten ▓ aus, untersucht den Fuß und sagt: „Hoffentlich weißt du, welches Glück du gehabt hast. Also ▓ vorsichtiger! Sonst kann man dir einmal nicht ▓ helfen!"

1. Wohin gehören diese Wörter:
   Fahrbahn, steht, ihm, Schuh, mehr, Fahrrad, fahr, mehr, ihm?
2. Schreibe den Text ab!
   Kreise die Selbstlaute mit nachfolgendem **h** ein:
   die Vorfa(h)rt, ...
3. Noch mehr Wörter mit **h**:
   Vorfahrt, ihr, sehr, ohne, Zahl, fehlen, zahlen, fröhlich, wohnen, während, Verkehr, erzählen, Jahr, Lehrerin, Ohr, nah, Zahn, froh, nehmen, zehn, Sohn, verstehen, Ruhe, wahr, fährt.
   Schreibe die Wörter ab!
   Kreise die Selbstlaute/Umlaute und das nachfolgende **h** ein!

Das stumme **h** macht den betonten Selbstlaut *lang*.

Ein **h** zeigt an, dass der Selbstlaut oder der Umlaut davor **lang** gesprochen wird: f**a**hren, w**ä**hlen.

B Übung mit dem Wörterbuch

geht, Jahre, Reihen, erzählt, nahm, Zähne, stand, gefehlt, Stühle, gewohnt, Söhne, Lehrerinnen, Ohren, Wohnungen, siehst, fuhr, zieht, höher, Uhren, Zahlen, Fahrräder, mitfahren

4. Ordne die Wörter in solch eine Tabelle ein:

Wort	im Wörterbuch steht
geht	gehen

lange Selbstlaute, Umlaute; Wörter mit h; Diktat

A ah, äh, eh, ih

fahren, zehn, während, zahlen, geht, ihn, zählen, Jahr, nehmen, nah, sehen, sah, ihr, sehr, Zahl, mehr, ihrem, stehen, ihnen, wahr, fehlen, Zähne, Fehler, ihre, ihren, nahm, erzählt, Verkehr, Mehl, mehrere

> Es gibt nur wenige Wörter mit **ih**.
> Lerne sie auswendig!
> Dies sind die wichtigsten:
> ihm, ihn, ihren, ihr, ihre.

1. Sprich die Wörter deutlich! Was fällt dir dabei auf?
2. Lege solch eine Tabelle an und trage ein:

ah	äh	eh	ih
fahren			

B oh, öh, uh, üh

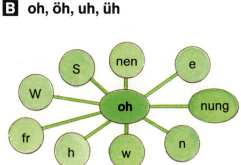
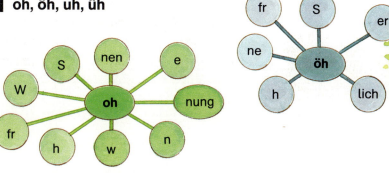

3. Wie heißen die Wörter in den Wortsternen?
4. Lege eine Tabelle an und trage die Wörter ein!
5. Suche je drei Wörter mit **uh** und **üh**! Trage sie wieder in eine Tabelle ein!
6. Kennzeichne die langen betonten Selbstlaute/ Umlaute mit einem Strich: wohnen, ...

C Diktat: vorher Lernwörter üben (s. S. 12)!

Das neue Fahrrad

Olaf hat zu seinem Geburtstag ein Fahrrad geschenkt bekommen. Er freut sich sehr darüber. Jede Minute hält Olaf an und schaut, ob er etwas verloren hat. Er ist noch sehr vorsichtig und fährt fast nur auf den Radwegen. Gestern fuhr Olaf um zwei Uhr los. Er hatte Lust seinen Freund Kevin zu besuchen. Zusammen machten sie eine kleine Fahrt. „Es hat uns viel Spaß gemacht", sagte Olaf am Abend.

damit	Minute
fahren	sagte
fährt	schenken
fuhr	geschenkt
Fahrrad	verlieren
fast	verloren
Lust	vorsichtig

Das Jahr

Rätsel; Lied; auswendig lernen

A Das Jahr ist wie ein Buch

© *Text u. Melodie: Christa Zeuch, Arena Verlag.*

Das Jahr ist wie ein Buch, in dem man le-sen kann.
Und hast du Lust, dann schau es dir von vorn bis hin-ten an
und hast du Lust, dann schau es dir von vorn bis hin-ten an.

2. Stehn vier Geschichten drin,
   vier Märchen wunderbar.
   Das erste spricht vom Zaubrer Grün,
   der grad noch schlafend war.

3. Das zweite spricht ganz bunt,
   ihr könnt es selber sehn,
   weil alle Farben dieser Welt
   im zweiten Märchen stehn.

4. Im dritten Märchen geht
   ein stolzer Königsmann,
   hat lauter Schmuck in Rot und Gold
   und Flammenkleider an.

5. Ist's dir zu still und weiß
   im vierten Märchen dann,
   so klapp das Buch ganz einfach zu
   und fang ein neues an.

1. Wer löst das Rätsel der vier Märchen?
2. Lernt und singt das Lied!
   Begleitet es mit passenden Instrumenten!

Herbst

erzählen; Darstellendes Spiel

A Der Apfelbaum

1. Schau dir die Bilder genau an:
   Was sprechen die beiden Jungen
   auf dem ersten Bild?
   Was passiert zwischen
   dem zweiten und dritten Bild?
   Was ruft der Mann auf dem letzten Bild?
   Wie endet die Geschichte?
2. Gib den Personen Namen!
   Erzähle die Geschichte!
3. Wem von euch ist schon einmal
   so etwas passiert?
   Erzählt darüber!
4. Spielt die Geschichte vor!
5. Schreibe die Geschichte auf!
   Eines Tages …
   Denke an die Regeln zum Geschichtenerzählen!

In der **Einleitung** steht, **wie**, **wann** und **wo** es zu dem erzählten Geschehen kommt und wer daran beteiligt ist.

Im **Hauptteil** stellen wir nacheinander ausführlich dar, was passiert.

Am **Schluss** erzählen wir, wie die Geschichte zu Ende geht.

Weihnachtszeit

Artikulation; vortragen

A Es weihnachtet sehr

An Dezembertagen
kann es sein,
dass es abends
freundlich klopft,
dass Besuch kommt
unverhofft,
dass dir jemand
Himmelstorte backt
und die dicksten
Nüsse knackt,
dass er dir
ein Lied mitbringt
und von seinen Träumen singt.
An Dezembertagen
kann es sein,
dass Menschen
plötzlich Flügel tragen
und nach Herzenswünschen fragen.
Riesen werden
sanft und klein,
laden alle Zwerge ein.
Dezember
müsst es immer sein!

Anne Steinwart

1. Gefällt dir das Gedicht? Begründe!
2. Lies das Gedicht vor, sprich deutlich!
   Achte besonders auf die Wörter mit **b** oder **p**, **d** oder **t**!
3. Lerne das Gedicht auswendig!
4. Schreibe das Gedicht in deiner schönsten Schrift ab und gestalte ein Schmuckblatt!
5. Wie ist es bei euch im Dezember? Erzählt darüber!

Informationen; folgerichtig erzählen; Textaufbau; Notizen

A Haferflockenkekse

Zutaten für ein Blech voller Kekse:
250 g Butter oder Margarine
375 g Zucker (halb weiß, halb braun)
2 Esslöffel Sirup oder Honig
500 g Haferflocken

Backanleitung:
- Butter im Topf ▢ lassen
- Zucker, Sirup oder Honig dazugeben und gut ▢
- Haferflocken in den Topf ▢ und fest durchrühren
- Masse auf gefettetem Backblech ▢
- bei 150 °C 20 Minuten ▢
- herausnehmen, etwas abkühlen lassen, in Vierecke ▢

1. Überlege: In welche Lücken gehören diese Tuwörter?
   schneiden, verteilen, backen, mischen, schmelzen, schütten
2. Schreibe das Rezept ausführlich auf! Benutze verschiedene Satzanfänge dazu!
3. Viel Spaß beim Backen!

Zuerst … Dann …
Danach … Jetzt …
Nun … Als Nächstes …
Zum Schluss …

B Weihnachtsbäckerei

Alle freuen sich auf die leckeren Kekse zur Weihnachtszeit. Wir helfen beim Backen zu Hause oder in der Schule alle zusammen. Gemeinsam macht's mehr Spaß!

4. Schreibe die Zutaten für dein Lieblingsgebäck auf! Erkundige dich, wie es gemacht wird! Notiere!
5. Sammelt eure Lieblingsrezepte für ein Klassenbuch „Weihnachtsbäckerei"!

Weihnachtszeit

Informationen; folgerichtig erzählen; Notizen

A Wir basteln Weihnachtskarten

Wir brauchen weißes Briefpapier, einen passenden Briefumschlag für jede Karte, leichte Pappe, eine Schere, den Malkasten, eine alte Zahnbürste, ein Küchensieb, Zeitungspapier und eine Schürze. Zuerst zeichnen wir auf die Pappe eine Tanne, eine Kerze, einen Engel oder einen Stern. Nun schneiden wir aus und erhalten damit eine Schablone.

Dann decken wir den Arbeitsplatz mit Zeitungspapier ab, jeder zieht eine Schürze oder ein altes Oberhemd an.

Als Nächstes wird der Briefbogen einmal in der Breite und einmal der Länge nach gefaltet.

Jetzt legen wir die Schablone auf die Oberseite des Papiers. Danach feuchten wir die Zahnbürste mit Wasser an (nicht zu nass!) und bewegen sie in einem Farbtöpfchen hin und her. In dem Sieb reiben wir die Zahnbürste so, dass Farbe auf die Briefkarten und auf die Schablone spritzt.

Zum Schluss lassen wir die Farbe trocknen und nehmen dann die Schablone ab. Fertig ist die Weihnachtskarte!

1. Schreibe alle Satzanfänge auf!
   Was fällt dir auf?
2. Welche Satzanfänge helfen dir
   in der richtigen Reihenfolge zu erzählen?
3. Notiere, was du für die Karten brauchst
   und wie du sie bastelst:
   Material: weißes Briefpapier, ...
   Bastelanleitung: auf Pappe Tanne, Kerze, ...
4. Suche eine Weihnachtsbastelei!
   Schreibe eine Bastelanleitung!
   Stelle sie deiner Klasse vor!
   Wer möchte die Anleitung haben?

langer Selbstlaut, Umlaut mit h; Diktat

A Lang gesprochene Selbstlaute und Umlaute

- Jahr, fahren, Zahl, wahr, während, erzählen
- fehlen, nehmen, Lehrer, mehr, Fernseher, sehr
- ihm, ihn, ihr
- wohnen, Ohr, ohne, Sohn, fröhlich
- Uhr, Kuh, Stuhl, früh

1. Sprich deutlich! Was fällt dir auf?
2. Kopfdiktat: Merke dir jeweils zwei Wörter! Schreibe sie auswendig auf!
3. Suche aus der Wörterliste noch mehr Wörter mit **ah, äh, eh, ih, oh, öh, uh, üh** heraus!

B Wörter zaubern

4. Welche Wörter kannst du zaubern?

5. Ergänze die Sterne mit eigenen Wörtern!
6. Suche im Wörterbuch zehn Wörter mit **eh**!

C Diktat: vorher Lernwörter üben (s. S. 12)!

Bald ist Weihnachten
Nun ist für viele Kinder und Eltern die schönste Zeit im Jahr. Sachen, die ihnen noch fehlen, werden gebastelt. Manche Familie stellt den Weihnachtsbaum zusammen auf. Jeder macht an den Ästen fest, was er gern mag: Äpfel, Weihnachtskarten, viele Lichter oder etwas anderes.
Nun kann der Weihnachtsabend kommen.

anderes
basteln
gebastelt
Eltern
manche
schönste
Weihnachten

Winter

folgerichtig erzählen; nach Vorgaben erzählen

S: bauen, stolz
N: hungrig, betteln
C: zufrieden, heimgehen
E: brauchen, wegreißen
H: frieren, wegnehmen
E: zurückkommen, traurig

Eine Enttäuschung
Am Nachmittag
Der bestohlene Schneemann
Der hungrige Hund
Alles umsonst

A Bildergeschichte

1. Ordne die Bilder! Beginne mit Ⓢ!
   (Der Mund des Schneemanns und das Lösungswort helfen dir.)
2. Gib den Personen Namen! Die Wörter am Rand helfen dir die Geschichte zu erzählen.
3. Schreibe auf und ergänze:
   Das wäre geschafft! Sie waren stolz auf den …
4. Welche Überschriften passen gut zu der Geschichte?

B Erlebnisse im Winter

a) Gestern nach der Schule warfen Kerstin, Sven und ihre Freunde Schneebälle auf einen Schneemann.
„Klirr!", Kevin traf eine Fensterscheibe.
„Ich war's nicht!", rief er laut und rannte weg …

b) Einmal bauten wir einen Schneemann vor der Garage. Da kam mein Papa nach Hause …

c) Wir hatten unsere Schlitten aneinander gehängt und sausten den Berg hinunter. Auf einmal schrie Angelika: „Ein Baumstumpf!" …

5. Wähle eine Geschichte aus!
   Setze sie fort und finde einen passenden Schluss!
6. Suche eine passende Überschrift!
7. Sucht eine Geschichte aus! Spielt sie nach!

Jede Geschichte braucht eine **passende Überschrift,** die nicht zu viel verraten darf.

Jede Geschichte muss einen **passenden Schluss** haben.

erzählen; Textaufbau; Geschichte erfinden; Reizwörter

A Das Pferd auf dem Kirchturm

Es war tiefer Winter. Ganz Russland lag unter einer dicken Schneedecke. Ich ritt auf meinem Pferd durch das Land.
Es wurde schon dunkel und ich konnte gerade noch eine Baumspitze in der Nähe erkennen. Dort band ich das Pferd fest und legte mich daneben. Als ich am Morgen wach wurde, schaute ich mich erstaunt um: Ich lag mitten auf dem Friedhof neben einer Kirche. Mein Pferd war nirgends zu sehen. Auf einmal hörte ich es über mir wiehern. Ich blickte nach oben und sah, dass das Pferd an den Wetterhahn auf der Kirchturmspitze gebunden war. Sofort verstand ich, was geschehen war: Gestern war das Dorf ganz zugeschneit gewesen. In der Nacht hatte es getaut und ich war sanft herabgesunken. Mein Pferd aber hatte ich an der Spitze des Kirchturmes festgebunden, den ich für einen Baum gehalten hatte.

1. Schreibe einen lustigen Schluss!
2. Denk dir selbst eine Wintergeschichte aus! Schreibe sie auf!
   Diese Wörter sollen darin vorkommen:
   Schneemann – Rodelbahn – Schlitten fahren
   oder: Rollschuh – Eis laufen

B Reizwortgeschichtenspiel

Schlagt euer Lesebuch irgendwo auf. Einer tippt mit geschlossenen Augen fünfmal auf die Seite. Schreibt die getroffenen Wörter auf.
Nun versucht ihr einzeln oder in Gruppen mit diesen Wörtern eine zusammenhängende Geschichte zu erzählen und dann aufzuschreiben. Kreist die vorgegebenen Reizwörter in der fertigen Geschichte ein! Zuletzt gebt ihr euren Geschichten eine Überschrift und lest sie der Klasse vor. Viel Spaß!

Fasching

Text fortsetzen; Sprachspiel; Selbstlaute

A Faschingsmaske

In der Schule basteln die Kinder Masken aus Karton
oder aus Papiertüten für den Faschingsball.
Die kann man über den Kopf stülpen.
Dann sieht man aus wie ein Clown,
wie eine Hexe oder wie ein Räuber.
Aus Versehen setzt Kevin Sandras Maske auf.
„He!", schreit Sandra.
„Gib sofort die Maske her!"
Die beiden ziehen an der Maske.
Aber plötzlich zerreißt sie ...

- Pappkarton nehmen
- Augen, Nase, Mund ausschneiden
- mit Wolle, Federn, Luftschlangen ... bekleben
- anmalen

1. Wie geht die Geschichte zu Ende?
2. Entwerft gemeinsam eine Bastelanleitung!
3. Bastelt selbst Karton- oder Tütenmasken!

B Faschingsball

Ich will was erzählen, hört einmal zu:
Das A, das E und auch I, O und U,
die wollten einmal auf den Faschingsball gehen.
Wie sie sich das dachten? Ihr werdet's gleich sehen.
„Ha!", lachte das A, „ich weiß schon wie:
Ich mache mich dünn und dann geh' ich als I.
Haha, hihi!"
Es tat einen Satz und schon war es vom Sitz.
Es traf einen Spatz und der wurde zum Spitz ...
So hat es das A, das als I ging, gemacht,
auf dem Fischingsbill, auf dem Fischingsbill,
auf dem Fischingsbill heute Nacht!

4. Was wird aus Lappen, der Pappe, papperlapapp, Bananen?
5. „Hehe", lachte das E, „ich gehe als ▇."
   „Hoho", lachte das O, „ich gehe als ▇."
   Denke dir andere Verwandlungsgeschichten mit den Selbstlauten aus!
6. Kannst du sie auch in Reimen schreiben?

Das weißt du noch:
a, e, i, o, u
sind **Selbstlaute**.

Fürwörter; Zahlwörter

A Auf dem Kriegspfad

Kevin hat sich als Winnetou verkleidet. **Winnetou** ruft seine Krieger zusammen. „**Winnetou** will die Bleichgesichter angreifen", verkündet **Winnetou**. **Die Bleichgesichter** halten sich im Wald versteckt. **Winnetou und seine Freunde** müssen auf der Hut sein. Zu seinem Freund „Kleiner Fuchs" sagt Winnetou: „**Kleiner Fuchs** ist unser Späher."

Kevin spricht wie ein Indianer bei Karl May. Wir kennen kleine Wörter, die wir **für** die Namenwörter einsetzen können.

1. Schreibe die Geschichte mit Fürwörtern auf!

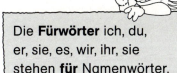

Die **Fürwörter** ich, du, er, sie, es, wir, ihr, sie stehen **für** Namenwörter.

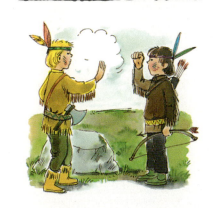

B Kinderfasching

Für ihre Faschingsparty muss Lisa viel herrichten:
– einen Zylinder
– etwas Niespulver
– mehrere Tüten Konfetti
– ein paar Malstifte
– viele Luftschlangen
– acht Pappnasen
– einige Luftballons
– drei Besenstiele

Hoffentlich bringen alle viel gute Laune mit!

2. Schreibe die Zahlwörter auf und ordne sie so:

unbestimmte Zahlwörter	bestimmte Zahlwörter
viele	einen

C Verkleidete Zahlwörter

Vereinsheim, helfen, Wandreihe, Schachtelform, Zweifel, einst, Blütenzweig, lacht, durchsieben

3. In diesen Wörtern haben sich bestimmte Zahlwörter versteckt, in einem sogar zwei.
   Schreibe sie auf!
4. Welche bestimmten Zahlwörter bis zehn fehlen in deiner Tabelle noch?
   Trage sie ein!

Bestimmte Zahlwörter verwenden wir, wenn wir eine genaue Anzahl angeben wollen.
Mit **unbestimmten Zahlwörtern** geben wir eine ungefähre Menge an.

Fasching

Darstellendes Spiel; mehrdeutige Wörter

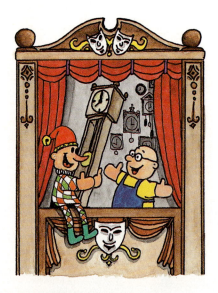

A Kasper und der Uhrmacher

„So, Kasper", sagt der Uhrmacher, „deine Standuhr geht wieder."
„Warum geht sie wieder?", fragt Kasper. „Sie hat doch gar keine Beine. Sie kann gar nicht gehen."
„Doch", sagt der Uhrmacher", „gleich wird sie schlagen!"
„Was, schlagen tut sie auch? Dann soll sie lieber wieder gehen!"

1. Lest die Geschichte zu zweit!
   Einer ist Kasper, einer ist der Uhrmacher!
2. Spielt eure Kaspergeschichte den anderen vor!

B Eine Verwechslungsgeschichte

Die Geschichte vom Kasper ist deshalb so lustig, weil Wörter verschiedene Bedeutungen haben können. Das geht nicht nur mit Tuwörtern, sondern auch mit Namenwörtern.

3. Schaut euch die Bilder an und spielt eure eigene Verwechslungsgeschichte! Die Zuschauer raten, welche Wörter ihr gemeint habt!

C Teekesselraten

Ein „Teekesselchen" ist ein Wort mit zwei oder mehr Bedeutungen, zum Beispiel: die Feder.
„Mein Teekesselchen hat jeder Vogel."
„Mein Teekesselchen ist aus Metall."

4. Überlegt, mit welchen Wörtern ihr das Spiel spielen könnt!
5. Spielt das Spiel in der Klasse!
6. Schreibe Sätze auf zu diesen Teekessel-Wörtern:
   Mutter, Tau, Satz, Heide, Schimmel, …

ng, nk; Mitlauthäufung; Diktat

A Wörter mit ng, Wörter mit nk

krank, lang, links, Junge, danken, gesungen, Gang, Gedanke, Schränke, fangen, singen, Krankheit, eng, schenkte, Dank, fängt, singt, denken, linke, länger, Dunkelheit, gefangen, langsam, pünktlich, Schrank, schenken, gegangen, langweilig, Geschenk, jünger, Punkt, stockdunkel, einengen

1. Sprich die Wörter deutlich!
2. Stelle die verwandten Wörter zusammen:
   trinken – Getränk, schenken – ...,
3. Kreise (ng) rot und (nk) blau ein!
4. Suche noch fünf Wörter mit **ng** (Wörterbuch, Wörterliste), schreibe sie auf!

B Schreibe richtig!

Preis, gleich, Blatt, groß, fliegt, Glas, bloß, tragen, zwölf, Brücke, trocken, drei, Frau, Schrank, schreien, bringen, schneien, breit, blau, Gras, fragen, frei, zwischen, Kreis, flog, krank, kriegt, brannte, glaubt, Straße, treten, greift, Grüße, schrie

5. Schreibe die Wörter ab!
   Kreise die Mitlaute am Wortanfang ein:
   (P)reis, (G)leich, ...
6. Welche Wörter reimen sich?
   (P)reis – (K)reis, ...

C Diktat: vorher Lernwörter üben (s. S. 12)!

Maria erzählt ihrer Oma

„Das Fest bei Rolf war sehr schön. Alle hatten schon am Abend vorher geholfen, damit das Zimmer schön wurde. Ich ging als Hexe. Wir haben den ganzen Tag mit unseren Freundinnen und Freunden gesungen und gespielt. Punkt sechs Uhr sind alle Kinder nach Hause gegangen. Mutter und Vater haben sich gefreut, dass wir so bald zu Hause waren."

ganz	ging
gefreut	gegangen
geholfen	Hexe
gespielt	vorher
gesungen	zu Hause

Frühling

doppelter Mitlaut; Wörterbuch

A Die Sonnenblume

Wenn du eine Sonnenblume ans Fenster stellst, wird dir bald etwas auffallen. Du wirst sehen, dass der gelbe Kopf immer zur Sonne schaut. Auch wenn du die Pflanze zum Zimmer drehst, sieht sie nach einiger Zeit wieder ins helle Licht. Du kannst das auch an Sonnenblumen feststellen, die auf dem Feld stehen.

1. Höre die Selbstlaute in den Wörtern mit doppeltem Mitlaut ab!
   Klingen die betonten Selbstlaute kurz oder lang?

B Wörter ordnen

Himmel, Zimmer, innen, Herr, genommen, Bett, Nummer, immer, dümmer, allein, gebrannt, gebellt, alle, Müll, lassen, gewinnt, Teller, könnte, Männer, Lehrerinnen, Schülerinnen, Stämme, Mann, Busse, geschwommen, gesessen, komm, gerannt, sollen, gewonnen, gekannt, Roller, sollst, Sommer

2. Ordne die Wörter auf einer Doppelseite, und schreibe sie auf:

ll	mm	nn	ss	tt	ff
alle	...				

3. Lege noch eine Tabelle für **ff, ss, tt** an!
   Suche in der Wörterliste je fünf Wörter dafür!
4. Suche im Wörterbuch noch je fünf Wörter mit **pp** und **rr**!

C Wörter finden

Bl_tt, St_mme, W_sser, S_mmer, F_tter, B_tt, Gew_tter, N_mmer, St_ff, Schl_tten, Sch_ff

5. Bei diesen Wörtern musst du den kurzen betonten Selbstlaut ergänzen!
   Schreibe sie in deine Tabelle!

Mitlauthäufung; pf; Silben; Diktat

A Wörter mit pf oder Pf

pflanzen, hoffen, helfen, Topf, Frau, pfeifen, es klopft, rufen, schimpfen, geschimpft, fünf, stumpf, impfen, pflücken, kaufen, Dorf, Kopf, Haufen, pflegen, fröhlich, Pfennig, Äpfel, Brief, offen, fährt, klopfen, fragen, Knopf, Apfel, Pferd, auf, hüpfen, Hof, Affe, Gipfel, Pfütze, Tropfen, Stoff, Flügel, fliegen, Fluss, Pfeife, rupfen, schöpfen, zupfen, knöpfen, Pflanze, Zopf

1. Schreibe nur die Wörter mit **pf** und **Pf** auf!
   Kreise **pf/Pf** ein!
2. Ordne die Wörter in einer Tabelle:

Wortanfang	Mitte	Ende
pflanzen	es klopft	Topf

B Silbenrätsel

3. In den Blüten sind insgesamt elf Wörter versteckt.
4. Welche beiden Wörter passen nicht zu den anderen?

C Diktat: vorher Lernwörter üben (s. S. 12)!

Pflanzen im Zimmer und im Garten
Es liegt auch an dir, ob deine Pflanzen im Garten und im Zimmer gut wachsen.
Wenn du vorher immer vorsichtig mit ihnen umgegangen bist, sind die Blumen und die anderen Pflanzen im Sommer kräftig und schön.
Halte die Erde nicht zu trocken, aber auch nicht zu nass. Junge Pflanzen, die hoch wachsen, bindest du immer an, aber nicht zu fest! Alles, was im Zimmer wächst, sollte genug Licht haben.

binden   Pflanze
bindest   Pflanzen
kräftig   umgegangen
liegen   wachsen
liegt   wächst
ob

Sommer

zusammengesetzte Namenwörter

A Im Sommer

Sonnenbad	Sonnenfinsternis	Sonnenblume
Sonnenbrand	Sonnenröschen	Sonnenblende
Sonnenstich	Sonnenschein	Sonnenbrille
Sonnentag	Sonnenflecken	Sonnenuhr

1. Sonne + n + Bad = das Sonnenbad. Untersuche, wie die anderen Sonne-Wörter zusammengesetzt sind!
2. Denke dir neue zusammengesetzte Wörter mit „Sonne" aus: Sonnenzug, Sonnenauto, …
3. Abendsonne, Morgensonne, Sommersonne, … Untersuche, wie diese Wörter zusammengesetzt sind! Suche noch mehr solche Wörter!

B Eine Sommerhose ist kein Hosensommer

Sommer					
Urlaub	Hose	Tag	Anfang	Ferien	Kleid
Hitze	Nacht	Pause	Regen	Zeit	Rock

Manche Namenwörter sind aus Namenwörtern zusammengesetzt. **Zusammengesetzte Namenwörter** schreibt man **groß.**

4. Setze Wörter zusammen und erkläre: Eine Hose für den Sommer ist eine ▭. Ein Tag im Sommer ist ein ▭. …
5. Wer findet noch mehr Wörter mit „Sommer"?
6. Sommerhosenanzugstasche, … Wer findet Namenwörter mit „Sommer" oder „Sonne", die aus wenigstens drei Namenwörtern zusammengesetzt sind?

Wiewörter

A Steine sammeln

Fast überall findet man hübsche Steine. Wenn man genau hinsieht, erkennt man, wie verschieden sie sind: groß, klein, flach, rund, länglich, schmal, eckig, spitz, rot, schwarz, weiß, bunt, matt, …
Wenn sie nass sind, glänzen sie besonders schön.

1. Betrachte jeden Stein genau!
   Welches Wiewort beschreibt ihn richtig?
   Der erste ist ein kleiner Stein. Der zweite …
2. Unterstreiche die Wiewörter grün!
3. Bringt Steine mit! Tastet ihre Oberfläche mit geschlossenen Augen ab!
   Beschreibt sie!

Auf dem Stein:
blass   nass   glatt   satt
weich   reich
grün   blau   bunt   kalt
alt   krumm   dumm
hell   schnell   schlecht
echt   fein   rot
dunkel   groß

B Das Gegenteil

Was nicht trocken ist, ist *nass*,
wer nicht braun ist, der ist *blass*.
Was nicht rau ist, das ist ▭,
wer nicht hungrig ist, ist ▭.
Was nicht hart ist, das ist ▭,
wer nicht arm ist, der ist ▭.
Was nicht warm ist, das ist ▭,
wer nicht jung ist, der ist ▭.

Was nicht grad ist, das ist *krumm*,
wer nicht klug ist, der ist ▭.
Was nicht dunkel ist, ist ▭,
wer nicht langsam geht, geht ▭.
Was nicht gut ist, das ist ▭,
was nicht falsch ist, das ist ▭.
Was nicht grob ist, das ist ▭,
wer's nicht raten will, lässt's sein.

4. Welche Wiewörter fehlen?
   Schreibe den Text ab und vervollständige ihn!
5. Welche Wiewörter auf dem großen Stein bleiben übrig?
   Schreibe sie auf und bilde Sätze mit ihnen!
6. Suche dir fünf Wiewörter aus!
   Schreibe Sätze auf! So:
   Nach dem Regen hatte ich nasse Haare.
   Sandra bekommt in der Sonne immer rote
   Flecken im Gesicht.
7. Unterstreiche alle Wiewörter grün!
8. Schreibe Sätze mit den Gegensatzpaaren auf!
   Ich hatte nasse Haare, aber trockene Füße.
   Im Urlaub …

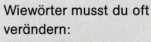

Wiewörter musst du oft verändern:
Der Stein ist **schwarz.**
Der **schwarze** Stein.
Ein **schwarzer** Stein.
Das Brot ist **hart.**
Das **harte** Brot.
Ein **hartes** Brot.

Sommer

Umstellprobe; tz; Silbentrennung

A Ich baue ein Zelt

Ich spiele am liebsten im Garten.
Ich hole Decken, Holzstangen und Schnüre
　　aus dem Keller.
Ich baue mir ein Indianerzelt.
Ich stecke zuerst sechs Holzstangen ins Gras.
　　Diese Stangen müssen zusammen einen
　　Kreis bilden.
Ich binde nun die Holzstangen oben mit einer
　　Schnur zusammen.
Ich muss mir dabei von einem Großen helfen lassen.
Ich befestige dann die Tücher mit Schnüren
　　und Wäscheklammern an den Stangen.
Ich lege im Zelt eine Decke aus, damit es richtig
　　gemütlich ist.
Ich darf vielleicht einmal im Zelt übernachten.

1. Lies den Text vor! Wie klingt er?
2. Stelle die Wörter in den Sätzen um!
　　Dann findest du abwechslungsreiche Satzanfänge.
3. Schreibe die neuen Sätze auf!

B Wörter mit tz

4. In den Booten sitzen verschiedene Silben.
　　Welche gehören zusammen?
　　Schreibe die Wörter getrennt auf: *put-zen, …*
5. Findest du die Reimwörter?
　　setzen, w____, verl____, h____
　　flitzen, s____, r____, spr____

Bei der Trennung wird
aus ⓣⓩ **t** und **z**.
Katze, Kat - ze

ck; Silbentrennung

A Namenwörter zusammensetzen

1. Setze Namenwörter zusammen!
   Rahme ck ein!

B Reimwörter

das Glück	bücken	wecken	der Stock
das St____	der R____	verst____	der R____

2. Schreibe die Reimwörter auf!

C Wir trennen Wörter mit ck

trocken, Blöcke, Acker, locker, packen, Schnecke, Zecke, Decke, Rücken, wecken, gucken, Socken, schicken, drücken, dreckig, dicke, Brücke, backen, Stücke, Bäcker

3. Zerlege die Wörter in Silben! Sprich, schwinge, klatsche oder gehe dabei: tro-cken, ...
   Schreibe so: *trocken – tro-cken, ...*

Achtung!
Auch Wörter mit **ck, ch, sch, trennen** wir beim Sprechen und Schreiben **nach Silben:** tro-cken, ...

D Silbenrätsel

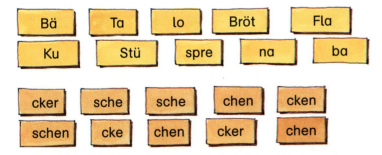

4. Wie gehören die Silben zusammen?
   Sprich, klatsche oder gehe dazu: Bä-cker, ...
5. Setze die Silben zu Wörtern zusammen!
   Schreibe so: *Bä-cker – Bäcker, ...*

Grammatik

Übersicht 3. Schuljahr

Wir sprechen und schreiben in Sätzen

Aussagesätze

	Im Buch auf Seite:
Wir erzählen oder berichten in **Aussagesätzen**. Nach einem Aussagesatz steht ein **Punkt.** . Die Klasse 3b bereitet ihren Wandertag vor.	9, 14, 15, 21, 26, 60, 64, 80, 113, 114

Fragesätze

Wir wollen etwas wissen und fragen. Dazu benutzen wir **Fragesätze**. Nach einem Fragesatz steht ein **Fragezeichen.** ? Hat euch der Wandertag gefallen?	9, 15, 60, 63, 64, 80, 91, 109

Befehlssätze

Wir fordern jemanden auf etwas zu tun. Wir bitten jemanden um etwas. Wir wünschen etwas. Dazu benutzen wir **Befehlssätze**. Nach einem Befehlssatz steht ein **Ausrufezeichen.** ! Räumt eure Abfälle auf! Bitte räumt eure Abfälle auf! Hättet ihr doch eure Abfälle aufgeräumt!	9, 17, 60, 93

Satzglieder

In einem Satz gibt es **Satzglieder**. **Satzgegenstand** und **Satzaussage** sind solche Satzglieder. Wer oder was? Was wird getan? Satzgegenstand Satzaussage Kevin und Lisa wandern mit. Jeder trägt feste Schuhe. Das Haus gefällt mir.	18, 26, 64, 65, 80, 81, 92

Wörtliche Rede

Mit der **wörtlichen Rede** schreiben wir gesprochene Wörter und Sätze auf. Die wörtliche Rede wird mit Doppelpunkt sowie Anführungszeichen unten und oben gekennzeichnet. Frau Klein fragte: „Hat euch der Wandertag gefallen?"	60, 61, 62

Übersicht 3. Schuljahr

In einem Satz gibt es verschiedene Wortarten

Namenwörter

Mit **Namenwörtern** nennen wir Menschen, Tiere, Pflanzen, Dinge und Gefühle. Die meisten Namenwörter gibt es in der **Einzahl** und in der **Mehrzahl.**

Kevin, der Junge,   der Hase,   der Baum,   der Ball,   die Freude
–,   die Jungen, einige Hasen, drei Bäume, viele Bälle   die Freuden

Im Buch auf Seite:
4, 5, 6, 10, 11, 23, 30, 31, 32, 44, 45, 67, 79, 80, 103, 108, 112

Wir können Namenwörter durch Zusammensetzung bilden. Zusammengesetzte Namenwörter sind oft genauer:
Haustür (zusammengesetzt aus Haus und Tür) ist genauer als **Tür**.
Apfelbaum ist genauer als **Baum**.
„Siehst du dort den Baum?" „Welchen meinst du?" „Den Apfelbaum."

30, 31, 44, 103, 112

Manche Namenwörter fassen andere Namenwörter zusammen. Diese nennt man **Sammelnamen**.
Obst: Äpfel, Birnen, Pfirsiche, ...
Spielzeug: Teddybär, Puppe, Ball, ...
Fahrzeuge: Fahrrad, Lastwagen, Auto, ...
Berufe: Schreiner, Bäcker, Lehrer, ...

31, 51, 55, 79

Begleiter

Namenwörter können **bestimmte Begleiter** haben:
der, die, das, dem, den, ...
Namenwörter können auch **unbestimmte Begleiter** haben:
ein, eine, einem, einen, ...
Der Junge, die Frau, das Mädchen – ein Junge, eine Frau, ein Mädchen

4, 30, 31, 67, 103, 112

Tuwörter

Tuwörter sagen uns, was Menschen, Tiere, Pflanzen, Dinge tun und was geschieht.
rufen, bellen, wachsen, klappern, regnen

7, 20, 26, 27, 28, 29, 70, 79, 80, 81, 86, 103

Tuwörter sagen uns auch, **wann** etwas geschieht.
Gegenwart – jetzt – : sie ruft; Arko bellt
Vergangenheit – früher – : sie rief; Arko bellte; sie hat gerufen; Arko hat gebellt

29, 40, 41, 68, 70, 81

Grammatik
Übersicht 3. Schuljahr

Tuwörter

Im Buch auf Seite: 7, 20, 77, 86

Mit **Wortbausteinen** können wir Tuwörter bilden.
Durch die Wortbausteine ändert sich oft der Sinn der Tuwörter.

| ab | – | an | – | auf | – | aus | – | be | – | ein | – | er | – | ge | – | ver | – | vor | – | zer | – | her | – | hin |

schreiben: abschreiben, anschreiben, … abgeschrieben, angeschrieben, …
malen: abmalen, anmalen, … abgemalt, angemalt, …

20, 21, 28, 66

Tuwörter haben einen **Wortstamm** (geh, fahr, schreib, …)
und verschiedene **Endungen**: e, st, t, en (ich geh**e**, du geh**st**, …).

(geh)en; ich (geh)e; du (geh)st; er, sie, es (geh)t; wir (geh)en; ihr (geh)t; sie (geh)en

Wiewörter

8, 25, 31, 44, 45, 48, 73, 86, 103, 113

Mit **Wiewörtern** können wir Menschen, Tiere, Pflanzen, Dinge und Gefühle näher beschreiben.

dick, flink, grün, rund, groß

48

Mit Wiewörtern können wir Menschen, Tiere, Pflanzen und Dinge miteinander **vergleichen.**
Lisa ist so groß wie Kevin.
Viele Wiewörter kann man **steigern:**

Grundstufe:	**1. Vergleichsstufe:**	**2. Vergleichsstufe:**
dick	dicker	am dicksten
flink	flinker	am flinksten
grün	–	–
rund	–	–
groß	größer	am größten
hoch	höher	am höchsten

Manche Wiewörter gibt es nur in der Grundstufe:
rund, grün, gerade, …

Wiewörter haben meistens ein **Gegenteil.**
dick – dünn, groß – klein, …

86, 113

Mit **Wortbausteinen** können wir Wiewörter bilden.
ig – lich   Gift: giftig   Freund: freundlich

45, 86, 95, 103

Übersicht 3. Schuljahr

Persönliche Fürwörter

Persönliche Fürwörter können Namenwörter ersetzen:
ich, du, er, sie, es sind solche persönlichen Fürwörter;

er kann zum Beispiel stehen für:
der Mann, der Löwe, der Baum, der Ball, der Spaß

sie kann zum Beispiel stehen für:
die Frau, die Ente, die Rose, die Schaufel, die Freude

es kann zum Beispiel stehen für:
das Kind, das Pferd, das Veilchen, das Kleid, das Vergnügen

Im Buch auf Seite:
21, 34, 36, 37, 39, 74, 107

Wortfamilien

Zu einer **Wortfamilie** gehören Wörter mit einem gemeinsamen Wortstamm.
Dieser Stamm muss aber nicht immer gleich sein.

(bau)en, er(bau)t, wir(bau)ten, (Bau), Ge(bäu)de, (Bau)er, Neu(bau), an(bau)en, auf(bau)en, ...

(fahr)en, sie (fähr)t, wir (fuhr)en, (Fahr)zeug, (Fahr)rad, ge(fahr)en, (Fuhr)werk, vor(fahr)en, (Fahr)bahn, ...

44, 94, 109

Wortfelder

Zu einem **Wortfeld** gehören Wörter, die in ihrer Bedeutung etwas miteinander zu tun haben.

sprechen, flüstern, wispern, reden, sagen, plaudern, schwatzen, vortragen, ...

42, 79, 82

Wörterliste 3. Schuljahr

Die Wörter mit * sind bereits aus den ersten Schuljahren bekannt.

A, a

*ab
*am Abend
*aber
*acht
Acker, der
*alle
allein
alles
als
also
*alt
    älter
    am ältesten
*am
*an
andere
    anderen
    anders
anfassen
    angefasst
*antworten
    antwortete
*Apfel, der
    *Äpfel, die
*im April
*arbeiten
*Arm, der
arm
    ärmer
*Ast, der
    *Äste, die
*auch
*auf
auf einmal

Aufgabe, die
aufhören
aufräumen
Aufsatz, der
*Auge, das
*im August
*aus
aussehen
*Auto, das
Axt, die

B, b

Bach, der
backen
    Bäcker, der
baden
Bahn, die
bald
*Ball, der
    *Bälle, die
basteln
*bauen
Bauer, der
*Baum, der
    *Bäume, die
behalten
    behält
*bei
*beim
Bein, das
beißen
    beißt
    biss
    gebissen

*bekommen
*bekommt
bekam
*bellen
    bellte
    gebellt
*Berg, der
Besuch, der
    besuchen
Bett, das
bevor
biegen
    gebogen
*Bild, das
billig
*ich bin
binden
    bindest
    gebunden
*Birne, die
*bis
*du bist
*bitten
    bat
*Blatt, das
    *Blätter, die
*blau
*bleiben
    *bleibst
    *bleibt
    blieb
    geblieben
Blitz, der
bloß
*Blume, die

Blut, das
bluten
Boden, der
Boot, das
*böse
*brauchen
    *brauchst
    *braucht
boxen
*braun
breit
bremsen
*brennen
    brannte
    gebrannt
*Brief, der
*bringen
    *bringt
    brachte
    gebracht
*Brot, das
Brücke, die
Bruder, der
    Brüder, die
*Buch, das
    *Bücher, die
*Bus, der
    Busse, die
Butter, die

> Schreibe zehn Wörter mit a oder b am Wortanfang auf: *backen, ...*

C, c

– –

D, d

*da
 dabei
*dafür
 damals
 damit
*danken
*dann
 darauf
 daraus
 darüber
*das
 dass
*dein
*dem
*den
*denken
  *denkst
  *denkt
  dachte
  gedacht
 denn
*der
 des
 deshalb
*im Dezember
*dich
 dick
*die
*am Dienstag

diese
 diesem
 diesen
 dieses
*dir
*doch
*am Donnerstag
*Dorf, das
*dort
*drei
*du
 dumm
  dümmer
*dunkel
 dünn
 durch
*dürfen
  *darf
  durfte
 Durst, der
 durstig

E, e

*Ei, das
 *Eier, die
 eigentlich
*ein
  *einem
  *einen
*einfach
 einige
*einmal
*eins
 Eis, das
*elf
 Eltern, die

*am Ende
 *endlich
*eng
*entgegen
*er
*Erde, die
*erklären
*erlaubt
*erst
 *erste
*erzählen
 *erzählt
*es
*essen
 *isst
 aß
 gegessen
 etwa
 etwas
 euch
 euer
 eure

Schreibe alle Wörter von dieser Seite mit b, d, g, t oder k am Ende auf:
fasst, ...

F, f

fahren
 fährt
 fuhr
 gefahren

Fahrrad, das
 Fahrräder, die
 Fahrt, die
*fallen
 *fällt
 fiel, er fiel
 gefallen
*falsch
*Familie, die
*fangen
 *fängt
 fing
 gefangen
 Farbe, die
*fassen
 *fasst, er fasst
 gefasst
 fast
*im Februar
*fehlen
*Fehler, der
 feiern
*fein
*Feld, das
*Fenster, das
 Ferien, die
*fernsehen
 *Fernseher, der
*fest
*Fest, das
 fett
*Feuer, das
*finden
 fand
 gefunden
*Finger, der
 Fisch, der
 Fleisch, das

Wörterliste 3. Schuljahr

Fleiß, der	*fünf	*Glas, das	Haufen, der
fleißig	*für	*Gläser, die	*Haus, das
*fliegen	*Fuß, der	glauben	*Häuser, die
*fliegt	*Füße, die	glaubt	*heben
flog	Fußball, der	*gleich	*hebt
geflogen		*Glück, das	Heft, das
*Floh, der		*glücklich	*heiß
*Flöhe, die	**G, g**	*Gras, das	*helfen
Flugzeug, das		*greifen	*hilft
Fluss, der	ganz	*greift	half
Flüsse, die	Garten, der	gegriffen	geholfen
*folgen	Gärten, die	*groß	*hell
*fort	*geben	größer	*her
*fragen	*gibt	am größten	herauf
*fragst	gab	*grün	heraus
*fragt	zum Geburtstag	Grüße, die	im Herbst
fragte	gegen	grüßen	herein
gefragt	*gehen	gegrüßt	*Herr, der
Frage, die	*geht	*gut	herunter
*Frau, die	ging		*heute
frei	gegangen		*heute Abend
*am Freitag	gehören	**H, h**	Hexe, die
*fremd	*gelb		hexen
fressen	Gemüse, das	*Haare, die	*hier
frisst	genau	*haben	Hilfe, die
gefressen	genug	*hast	*Himmel, der
*sich freuen	*gern	*hat	*hin
*Freund, der	Geschichte, die	hatte	hinauf
*Freundin, die	*Gesicht, das	hätte	*hinaus
*Freundinnen, die	*gestern	halb	*hinein
freundlich	*gestern Abend	Hals, der	hinter
Frieden, der	*gesund	*halten	*hoch
friedlich	gewesen	*hältst	hohe
*frisch	gewinnen	*hält	höher
froh	gewinnt	hielt	*hoffentlich
fröhlich	gewonnen	*Hand, die	holen
früh	Gewitter, das	*Hände, die	holt
früher		*hart	geholt

*hören
　*hört
*Hose, die
Hund, der
　hundert
　Hut, der

*ich
*ihm
*ihn
*ihnen
*ihr
*ihrem
*ihren
*im
　immer
*in
*innen
　ins
*ist

*ja
*Jahr, das
*im Januar
*jeder
　jemand
*im Juli
*jung
　　jünger
*Junge, der
*im Juni

Kaffee, der
*kalt
　　kälter
*Kasse, die
*Katze, die
*kaufen
　*kaufst
　*kauft
　kaum
*kein
　*keinem
　*keinen
*kennen
　kennst
　*kennt
　kannte
　gekannt
*Kind, das
*Kino, das
　Kirche, die
*klar
*Klasse, die
　Kleid, das
*klein
　klopfen
　　es klopft
　kochen
*kommen
　*komm
　*kommt
　kam
*können
　*kann
　*kannst
　konnte
　könnte

*Kopf, der
　Köpfe, die
*kosten
　kräftig
*krank
　　Krankenhaus, das
　Kreis
　kriegen
　　kriegst
　　kriegt
　　gekriegt
　Küche, die
*Kuchen, der
*kurz
　kürzer

Schreibe alle Wörter mit einem Umlaut von dieser Seite auf:
Löffel, ...

*lachen
*lang
　länger
*langsam
　langweilig
*lassen
　*lass
　*lässt
　*lasst
　ließ
*laufen
　*läuft
　lief

laut
leben
*leer
*legen
　legt
　gelegt
Lehrer, der
　Lehrerin, die
　　Lehrerinnen, die
*leicht
*leider
leise
leiten
*lernen
*lesen
　*liest
　las
　letzte
　letzter
Leute, die
*Licht, das
　lieb
　lieber
*lieben
　*liebt
liegen
　liegt
　lag
　linke
　links
　Liter, der
*Löffel, der
*los
*Luft, die
　Lust, die
　lustig

Wörterliste 3. Schuljahr

M, m

*machen
*Mädchen, das
*im Mai
mal
*malen
man
manche
*Mann, der
   *Männer, die
*Mantel, der
*Mark, die
*im März
*Meer, das
Mehl, das
mehr
   mehrere
*mein
   *meinem
   *meinen
*Menge, die
*messen
   *misst
*Messer, das
*Meter, der
*mich
Minute, die
*mir
*mit
mitfahren
*Mitte, die
*am Mittwoch
mixen
*möchte
*mögen
   *mag
möglich

*Monat, der
*Mond, der
*am Montag
*am Morgen
   *morgen
*Müll, der
*Mund, der
*müssen
   *muss
   musste
*Mutter, die

N, n

*nach
nachdem
nach Hause
nachher
am Nachmittag
*Nacht, die
*nah
*Name, der
*Nase, die
*nass
   *nasse
neben
*nehmen
   *nimmt
   nahm
   genommen
*nein
*nennen
   *nennt
*neu
neugierig
*neun

*nicht
   *nichts
*nie
*noch
*im November
*nun
*nur

O, o

ob
oben
Obst, das
*oder
*offen
*oft
ohne
*Ohr, das
*im Oktober
Onkel, der
*Ort, der

P, p

paar
packen
   packt
*Papier, das
*passen
   *passt
Pause, die
Pfennig, der
*Pferd, das
pflanzen
   Pflanze, die
   Pflanzen, die
Pfütze, die
*Platz, der
   Plätze, die
plötzlich
Polizist, der
Post, die
*Preis, der
Punkt, der
*Puppe, die

Q, q

quälen
Qualm, der
Quark, der
Quatsch, der
Quelle, die
quer
Quirl, der

R, r

*Rad, das
  *Räder, die
*raten
Raum, der
*rechnen
rechte
  rechts
*reden
*Regen, der
  *regnen
  *es regnet
*reich
*Reihe, die
Reise, die
  *reisen
  *reist
rennen
  rennt
  rannte
  gerannt
richtig
*Ring, der
Rohr, das
Röhre, die
*Roller, der
*rot
*Rücken, der
*rufen
  rief
Ruhe, die

S, s

*Sachen, die
*sagen
  *sagst
  *sagt
  sagte
  gesagt
Salat, der
*am Samstag
*Sand, der
*Satz, der
sauber
*scharf
*schauen
  *schaut
*scheinen
  schien
schenken
Schere, die
*Schiff, das
schimpfen
  geschimpft
*schlafen
  *schläft
  schlief
*schlagen
  *schlägt
*schlecht
schlimm
schmutzig
*Schnee, der
*schnell
*schon
*schön
Schrank, der
  Schränke, die
schrecklich

*schreiben
  *schreibt
  schrieb
  geschrieben
*schreien
  schrie
  geschrien
Schrift, die
Schuhe, die
*Schule, die
  *Schularbeit, die
  *Schulbus, der
  *Schüler, der
  *Schülerin, die
  Schülerinnen, die
  schwach
  schwächer
*Schwanz, der
*schwarz
schwer
Schwester, die
schwimmen
  schwimmt
  geschwommen
*sechs
See, der
*sehen
  *siehst
  *sieht
  sah
  gesehen
*sehr
*ihr seid
*sein
  *seinem
  *seinen
*seit
*Seite, die

selber
*selten
*im September
*sich
*sicher
*sie
*sieben
*sind
*singen
  *singt
  sang
  gesungen
*sitzen
  *sitzt
  saß
  gesessen

> Sprich deutlich und schreibe dann von Seite 125 und Seite 126 je zehn Wörter mit r oder t am Wortanfang auf: *raten, ...*

*so
sofort
Sohn, der
*sollen
  *soll
  *sollst
  sollte
im Sommer
sondern
*am Sonnabend
*Sonne, die
*am Sonntag

Wörterliste 3. Schuljahr

sonst
spannend
Spaß, der
spät
   später
*****Spiel,** das
   *****spielen**
   gespielt
*****sprechen**
   *****spricht**
   sprach
   gesprochen
Stadt, die
stark
   stärker
Staub, der
   staubig
*****stehen**
   *****steht**
   stand
*steigen
*Stein, der
*Stelle, die
*****stellen**
   *****stellt**
*Stern, der
*still
*Stoff, der
*stolz
Straße, die
Stück, das
Stuhl, der
   Stühle, die
*Stunde, die
*****suchen**

T, t

*****Tafel,** die
*****Tag,** der
*Tante, die
Tasche, die
Tasse, die
tausend
Taxi, das
Tee, der
Teig, der
*ein Teil
   *****teilen**
Telefon, das
telefonieren
*Teller, der
teuer
Text, der
*****tief**
*****Tier,** das
*****Tisch,** der
Tochter, die
   Töchter, die
tot
*****tragen**
   *****trägt**
   trug
*****treffen**
   *****triffst**
   *****trifft**
   traf
   getroffen
Treppe, die
*treten
   *tritt
   trat
*trocken

*tun
   *tut
   tat
   getan
*****Tür,** die
turnen
Tüte, die

U, u

*üben
über
*****Uhr,** die
   *zwölf Uhr
*****um**
*****und**
*****uns**
   *unser
unten
unter
Unterricht, der

V, v

*****Vater,** der
   Väter, die
verboten
*verkaufen
Verkehr, der
verlieren
   verloren
*****verstehen**
   *****versteht**
   verstand
   verstanden
versuchen

*****viel**
   *viele
*****vier**
*****Vogel,** der
   *****Vögel,** die
voll
*****vom**
*****von**
*****vor**
vorbei
vorher
Vormittag, der
   vormittags
vorn
Vorsicht, die
   vorsichtig

W, w

wach
wachsen
   wächst
   gewachsen
*****Wagen,** der
wahr
während
*****Wald,** der
   Wälder, die
Wand, die
   Wände, die
Wandertag, der
wann
war
wäre
*****warm**
   wärmer

*warten
   gewartet
*warum
*was
 waschen
   wäscht
*Wasser, das
*Wecker, der
*weg
*Weg, der
 wegen
*weich
 Weihnachten, das
*weil
*weinen
*weiß
*weit
 welche
 Welt, die
*wem
*wen
 wenig
 wenn
*wer
*werden
   *wirst
   wird
   wurde
   geworden
*werfen
   *wirft
   warf
   geworfen
 Wetter, das
 wichtig
   am wichtigsten
*wie
 wieder

*Wiese, die
 wild
*Wind, der
 im Winter
*wir
*wissen
   *weiß
   gewusst
*wo
*Woche, die
*wohnen
   *Wohnung, die
 Wolke, die
*wollen
   *will
   *willst
   wollte
*Wort, das
   *Wörter, die
*wünschen
 Wurst, die

X, x

– –

Y, y

– –

Z, z

 Zahl, die
*zahlen
*zählen
 Zahn, der
   Zähne, die
*zehn
*zeichnen
   *zeichnet
*zeigen
   *zeigt
   gezeigt
*Zeit, die
 Zettel, der
 Zeugnis, das
*ziehen
   *zieht
   zog
   gezogen
 Ziel, das
 ziemlich
*Zimmer, das
*Zoo, der
 zu
 Zucker, der
 zu Ende
 zuerst
*Zug, der
   *Züge, die
 zu Hause
*zum
*zur
 zurück
 zusammen
*zwei
 zwischen
*zwölf

127

Inhalt

	Erzählen, Geschichten schreiben	sich informieren, sachbezogen verständigen
Zusammen in der Schule S. 4 – 13	nach Vorgaben erzählen: 7	Informationen auswerten: 4, 5, 6, 8; sich Informationen beschaffen: 5, 9; sich auseinandersetzen: 5, 9; Informationen weitergeben: 8
Tiere bei uns S. 14 – 23	Tagebuch schreiben: 16; nach Vorgaben erzählen: 16, 17; Geschichten erfinden: 16; Texte überarbeiten: 16, 18, 19; auf Geschichten reagieren: 18, 19	Informationen auswerten: 15; Informationen weitergeben: 16; sich auseinandersetzen: 17
Was gibt es zu essen? S. 24 – 33	Geschichten erfinden: 25	sich auseinandersetzen: 24; sich Informationen beschaffen: 24, 25, 26; Informationen auswerten: 24, 26, 27; Informationen weitergeben: 24, 26, 27, 31
Wir bleiben in Verbindung S. 34 – 39	nach Vorgaben erzählen: 34; auf Geschichten, Briefe reagieren: 34, 36, 37; Briefe schreiben: 37	Informationen auswerten: 35, 36, 38; Informationen weitergeben: 35, 38; sich auseinandersetzen: 37
Wolken, Wind und Wasser S. 40 – 51	nach Vorgaben erzählen: 40, 41, 42; Geschichten erfinden: 40, 46, 48, 49; auf Erzählungen, Geschichten reagieren: 40, 41; von Erlebnissen erzählen: 42; Tagebuch schreiben: 43	sich Informationen beschaffen: 43, 47; Informationen auswerten: 43, 46, 47; Informationen weitergeben: 43, 47; sich auseinandersetzen: 47
Umweltschutz geht alle an! S. 52 – 59	nach Vorgaben erzählen: 52, 56, 57; Geschichten erfinden: 52; auf Geschichten reagieren: 56, 57; von Erlebnissen erzählen: 56	sich Informationen beschaffen: 53, 54; Informationen auswerten: 53, 54, 55; Informationen weitergeben: 55
Nicht nur fernsehen! S. 60 – 67	nach Vorgaben erzählen: 61, 62; auf Geschichten reagieren: 62	sich auseinandersetzen: 61, 62; sich Informationen beschaffen: 63; Informationen auswerten: 63; Informationen weitergeben: 63
Wo wir wohnen S. 68 – 77	nach Vorgaben erzählen: 73; Texte überarbeiten: 74	sich Informationen beschaffen: 68, 69, 72, 73; Informationen auswerten: 68, 69, 71, 72, 73; Informationen weitergeben: 68, 69, 71, 72, 73; sich auseinandersetzen: 69, 73
Der Wandertag S. 78 – 87	nach Vorgaben erzählen: 82, 83, 84; Geschichten erfinden: 82, 83, 84; auf Geschichten reagieren: 82	Informationen auswerten: 78, 79; sich auseinandersetzen: 78, 82
Ohne Räder läuft nichts S. 88 – 97	nach Vorgaben erzählen: 89, 90; auf Geschichten reagieren: 91	Informationen auswerten: 89, 90, 91; Informationen weitergeben: 89, 90, 91; sich Informationen beschaffen: 91
Das Jahr S. 98 – 115	nach Vorgaben erzählen: 99, 104, 106; von Erlebnissen erzählen: 99, 100; Geschichten erfinden: 105; auf Geschichten reagieren: 114	Informationen auswerten: 101, 102; Informationen weitergeben: 101, 102; sich Informationen beschaffen: 101, 102